DuMont Schnellkurs

ESOTERIK

Ulrike Peters, 1957 in Bonn geboren, Studium der Vergleichenden Religionswissenschaft, Altamerikanistik und Ethnologie in Bonn und Wien. Nach der Promotion Tätigkeit am Nationalmuseum für Anthropologie in Mexico City, dann als wissenschaftliche Mitarbeiterin an den Universitäten Bonn und Paderborn sowie als Dozentin in der Erwachsenenbildung und als Sachbuchautorin. Im DuMont Literatur und Kunst Verlag erschien von ihr *Schnellkurs Altes Mexiko*.

»Das Schönste und Tiefste, was der Mensch erleben kann, ist das Gefühl des Geheimnisvollen.« (Albert Einstein)

DuMont Schnellkurs

ESOTERIK

Ulrike Peters

DUMONT

Impressum

Umschlagvorderseite von links nach rechts und von oben nach unten:
Sphinx vor der Cheopspyramide, Gizah (Foto Hans Günter Semsek) / William Blake, Der Erste Tag, 1794 (British Museum, London) / Keith Englisch, Engel der Nacht / Spiralgalaxie (Foto picture-alliance/Picture Press/NASA/VRS) / Tarotkarten (Foto Christian Kuschel, KPA/picture-alliance / Externsteine im Teutoburger Wald (Foto Klaus Wanecek, picture-alliance/Okapia)

Umschlagrückseite von links nach rechts:
Buddhafiguren als Glücksbringer (Foto Ulrike Peters) / Indianische Totempfähle, Kanada (Foto Torquil Cramer, akg-images)

Frontispiz:
Spiralgalaxie (Foto picture-alliance/Picture Press/NASA/VRS)

Bibliographische Information der Deutschen Bibliothek:
Die Deutsche Bibliothek verzeichnet diese Publikation in der Deutschen Nationalbibliographie; detaillierte bibliographische Angaben sind im Internet über http://dnb.ddb.de abrufbar.

Originalausgabe

Druck: Rasch, Bramsche
Buchbinderische Verarbeitung: Bramscher Buchbinder Betriebe
Printed in Germany
ISBN 10: 3-8321-7637-3
ISBN 13: 978-3-8321-7637-2

Inhalt

Inhalt

Vorwort

»Wie alles sich zum Ganzen webt,
Eins in dem anderen wirkt und lebt!
Wie Himmelskräfte auf- und niedersteigen (...)
Vom Himmel durch die Erde dringen,
Harmonisch all das All durchdringen!«
(Goethe, *Faust I*)

Diese Verse Goethes geben treffend das ganzheitliche Grundkonzept der Esoterik wieder. Esoterik ist inzwischen zum festen Bestandteil der religiösen Landschaft in Europa und den USA geworden und längst nicht mehr nur die Sache einer Minderheit. Allein ein Blick auf das entsprechende Medien- und Buchangebot von lebenspraktischen Ratgebern über Hexerei und Magie bis zum *Herrn der Ringe* belegt diese Tatsache und zeigt, dass – trotz aller gegenteiligen Prognosen – nach wie vor ein religiöses Bedürfnis besteht. Die Esoterik ist in fast allen Lebensbereichen präsent und fast jeder ist auf die eine oder andere Art schon einmal damit in Berührung gekommen. Das esoterische Spektrum reicht von der teilweisen Partizipierung wie Wellness, Yoga, *I Ging*, Astrologie oder Bachblütentherapie bis hin zum alles bestimmenden Lebenskonzept und religiöser Weltanschauung, etwa im Neuheidentum, Schamanismus oder Hexenkult. Die Grenzen sind fließend, auch zum Christentum, zu Philosophie und Psychoanalyse sowie zu den Naturwissenschaften gibt es Grenzüberschreitungen, Berührungspunkte und Gemeinsamkeiten. Entsprechend schwer ist die Beantwortung der Frage, was konkret unter Esoterik zu verstehen ist: Handelt es sich um eine Religion, ein bestimmtes Weltbild oder »nur« um eine Lebenspraxis? Und es ist nach dem Erfolg zu fragen: Warum erscheint so vielen Menschen die Esoterik als ein alternatives Lebenskonzept für die Lösung aktueller Krisen und Probleme geeigneter als die offizielle christliche Religion? Ist Esoterik wirklich nur reiner »Unsinn«, wenn selbst Goethes *Faust* als esoterisch eingeordnet werden kann?

Schnellkurs Esoterik versucht aus religionswissenschaftlicher Sicht einen systematischen Überblick zu geben über die Vielfältigkeit und das Wesen der Esoterik – als Alternative sowohl zu den umfangreichen wissenschaftlichen oder abwertend theologischen Arbeiten zu diesem Thema wie auch zu der unübersehbaren Vielfalt esoterischer, eine Heilslehre anbietender Bücher. Dieser Band wendet sich an alle, die sich über die Esoterik, ihre Geschichte, ihr Weltbild und ihre Praktiken sachlich-kritisch und ohne Polemik oder Propaganda informieren und orientieren wollen.

Esoterik ist in unserer Gesellschaft allgegenwärtig. Fragt man jedoch nach, was Esoterik eigentlich genau ist, gehen Antworten und Meinungen darüber auseinander. Denn Esoterik ist ein »weites Feld«; das Spektrum reicht von der gelegentlichen Partizipierung in »unverdächtigen« Bereichen wie Wellness, Bachblütentherapie oder Yoga bis hin zur alles bestimmenden Weltanschauung und religiösen Ausrichtung. Schon aufgrund dieser enormen Bandbreite ist eine allgemeingültige Definition von Esoterik äußerst schwierig. Hinzu kommt die Tatsache, dass die Esoterik sich – besonders im Vergleich zur offiziellen christlichen Lehre – in schnellerer Entwicklung und Veränderung befindet. Zum anderen ist Esoterik kein einheitliches Phänomen mit einheitlichen Glaubensvorstellungen und -praktiken, mit einheitlicher Lehre und Gemeinschaft, sondern sie ist durch Vielfalt und Individualismus geprägt.

»... was die Welt im Innersten zusammenhält« – Erkenntnis nicht nur des weltlichen, sondern auch des transzendenten Seins ist ein Ziel der Esoterik (Holzschnitt von Nikolas Flammarion, 1842–1925, der vor allem in der New-Age-Bewegung sehr beliebt war).

In diesem Sinn geht es im Folgenden auch weniger um eine Definition, sondern um eine Beschreibung der Mainstream-Esoterik. Ein *Schnellkurs Esoterik* kann nicht Vollständigkeit beanspruchen, sondern nur einen ersten Überblick geben und zur weiteren Beschäftigung mit dem Thema anregen. Esoterik wird hier dementsprechend in idealtypischer Ausprägung, sozusagen als Muster oder Matrix, dargestellt, von der die realen, konkreten Einzelfälle bis zu einem gewissen Grad abweichen können. Dies gilt ebenso für das Kapitel über den religionsgeschichtlichen Hintergrund; der Leser sei hier bei näherem Interesse auf die weiterführende Literatur verwiesen. Die idealtypische Form der Darstellung zeigt sich auch an der für einen solchen »Schnellkurs« nötigen inhaltlichen Strukturierung, um eine Einführung mit »rotem Faden« zu garantieren. So lässt sich beispielsweise Schamanismus sowohl als Phänomen in den Religionen von Naturvölkern einordnen wie auch als esoterisches Konzept oder als esoterische Praxis und vor allem als Heilungstherapie – Differenzierungen und Trennungen, die in der praktischen Esoterik so nicht gemacht werden, die aber das Verständnis wesentlich erleichtern.

Wenn man erklären will, was Esoterik ist, kommt man nicht umhin, sich zunächst einmal mit den Begriffen Religion, Spiritualität, Okkultismus zu befassen.

Bis heute streiten sich die Religionswissenschaftler darüber, was **Religion** ist, und eine allgemein akzeptierte Definition fehlt. Auch die etymologische Herleitung des Wortes ist unklar. Es kommen dafür drei lateinische Verben in Frage: *religere* (»eine kultische Pflicht erfüllen«), *relegere* (»sorgfältig beachten«) und *religari* (»verbunden sein«), die sowohl auf die kultische Praxis als auch auf den Glauben bezogen werden. Bezüglich der Definition von Religion gibt es zwei Tendenzen: Einerseits die substantielle Auffassung, die versucht, Wesen und Inhalt der Religion zu erfassen, andererseits die funktionale Definition, die das Entscheidende der Religion in ihrer Funktion und Leistung sieht. Eine substantielle Definition ist die von E. B. Tylor (1832–1917), nämlich Religion als *»belief in spiritual beings«* (»Glaube an geistige Wesen«), im weiteren Sinne der Glaube an übernatürliche Mächte. Diese Linie führte der Religionswissenschaftler Gustav Mensching fort mit seiner klassischen Aussage: »Religion ist erlebnishafte Begegnung mit dem Heiligen und antwortendes Handeln des vom Heiligen bestimmten Menschen« (1959). Die funktionalen Definitionen betonen vor allem die soziale Funktion von Religion, nämlich die Tatsache, dass Religion die Gesellschaft, ihre Institutionen und Werte stabilisiert und legitimiert und soziale Identität stiftet. Daneben wird auch darauf verwiesen, dass Religion hilft, Krisen zu bewältigen und Sinn stiftet. Im Hinblick auf

Esoterik lehnt eine dogmatische Lehre und organisierte Gemeinschaft, wie in der offiziellen Kirche, ab (hier das Kloster Maria Laach in der Eifel).

die Esoterik sind hier der Bezug zur Transzendenz, der Glaube an übermenschliche Mächte und Kräfte sowie Sinnstiftung und Sinnangebot, also die Tatsache, dass Religion dem Leben einen Sinn gibt, zutreffend und von entscheidender Bedeutung.

Seit Ende des 18. Jh. gibt es den Begriff **Religiosität** zur Kennzeichnung der mehr individuellen, subjektiven, innerlichen Aspekte von Religion. Im Unterschied dazu ist dann unter »Religion« das äußere Glaubenssystem einer organisierten Gemeinschaft zu verstehen. Esoterik ist nach dieser Definition nicht als Religion zu bezeichnen, da die Kennzeichen von Glaubenssystem und organisierter Gemeinschaft fehlen, wohl aber als Religiosität, da sie sich auf transzendente Kräfte und Mächte bezieht und ebenso ein Sinnangebot ist. Esoterik kann zwar auch »nur« als Weltanschauung und Lebenspraxis in Erscheinung treten, wenn der Bezug zum Transzendenten fehlt, aber in diesen Fällen wird sie häufig nicht ernsthaft, sondern mehr spielerisch betrieben.

Spiritualität (von lateinisch *spiritualis*, »geistlich«) ist eine Form von Religiosität, deren Schwerpunkt in der geistlichen, individuellen und innerlichen Erfahrung und im Erleben liegt – im Unterschied zu festgelegten, äußerlichen Formen der Religion wie Lehre oder Rituale. Erst seit Mitte des 20. Jh. in der deutschen Sprache gebräuchlich, ersetzte »Spiritualität« frühere Begriffe wie »Frömmigkeit« oder »geistliches Leben«, wobei vor allem das Klosterleben als beispielgebend galt. Spiritualität wird teilweise synonym für »Religiosität«

und auch »Esoterik« verwendet und wird gerade innerhalb der Esoterik häufig gebraucht.

Ein weiterer erklärungsbedürftiger Begriff, besonders früher oft statt Esoterik verwendet, ist **Okkultismus** (von lateinisch *occultus*, »geheim«, »verborgen«). Allgemein bezeichnet Okkultismus eine Geheimlehre oder Geheimwissenschaft, im engeren Sinn ist damit die Lehre von übersinnlichen Phänomenen gemeint, die naturwissenschaftlich nicht erklärbar und nicht anerkannt sind, wie Hellsehen, Telepathie, Spuk. E. Lévi verwendete Okkultismus vor allem für magische Praktiken, und auch heute verbindet man Okkultismus der Bedeutung nach oft mit Magie.

Der Begriff **Esoterik** schließlich leitet sich von dem griechischen Wort *esoterikos* (»innerlich«) ab. Ursprünglich und im engeren Sinn bezieht sich Esoterik auf das Geheimwissen und die Geheimlehre (die Arkandisziplin) eines kleinen, elitären Kreises von »Eingeweihten«, in der Antike meist auf Philosophenschulen bezogen. Zum anderen meint Esoterik die innere religiöse, spirituelle Erfahrung. In diesem Sinne ist auch das heutige Schlagwort Esoterik als Bezeichnung für die sogenannte »neue« oder »alternative« Religiosität zu verstehen. Ähnlich wie der Begriff Spiritualität wurde »Esoterik« so zum Synonym für Religion, wobei die Aspekte der subjektiven, inneren religiösen Erfahrung betont werden. In beiden Fällen ist Esoterik als geheime, individuelle, alternative Religionsform gekennzeichnet, die sich somit von der offiziellen, »exoterischen« (nach außen

Über das aktuelle Angebot der Esoterik einschließlich der Praxis kann man sich auf Esoterikmessen oder sogenannten »Esoterik- und Naturtagen« informieren, die in vielen deutschen Städten regelmäßig stattfinden.

Der Baum, ein Symbol des Lebens, das weltweit verbreitet ist und in der Esoterik für die Idee der Einheit von Mensch und Natur steht.

gerichteten) Religion absetzt. Mit den Stichworten geheim, innerlich und spirituell sind auch gleichzeitig die Hauptkennzeichen der Esoterik genannt. Daraus ergeben sich als weitere Merkmale: individuell, undogmatisch und pragmatisch.

Gegenüber der offiziellen Religion stehen bei der neuen Religiosität das Erleben und die Erfahrung der Selbstfindung und Selbstverwirklichung sowie der Einheit des Menschen mit sich selbst (Körper – Seele) sowie mit Welt und Kosmos im Vordergrund. Ein weiteres Kennzeichen ist die Pluralität und der damit verbundene Rückgriff auf verschiedene kulturelle Traditionen und Religionen.

Themenbereiche der Esoterik

Ausgangspunkt der Esoterik ist die Unzufriedenheit des Menschen in der als Krisenzeit erfahrenen Gegenwart. Esoterik bietet – nach ihrem Selbstverständnis – eine Lösung für diese Probleme und für die Suche nach dem Zustand der Zufriedenheit, »sie springt ein, wenn kulturelles und religiöses Leben zum Dogma erstarrt und Substanzverlust in den großen religiösen Bekenntnissen droht. Auch in wissenschaftlichen Erkenntnissen und Erklärungen finden die Menschen keine befriedigende Antwort auf die Fragen nach dem Sinn des Lebens« – so eine Informationsschrift der regelmäßig in allen größeren Städten stattfindenden »Esoterik-Naturtage«.

Die Themen und Interessengebiete, die von der Eso-

Das esoterische Bücherangebot ist Bestandteil jeder größeren Buchhandlung.

terik angesprochen und in spezifischer Weise rezipiert werden, sind folgenden Bereichen zuzuordnen:

- Heil und Heilung für Körper und Seele, wie Gesundheit, Psychologie, alternative Medizin bis hin zu Wellness mit dem Ziel der Einheit von Körper und Psyche, von Bewusstsein und Unbewusstem, von Individuum und »transpersonalen« Daseinsbereichen;
- Natur und Ökologie (Naturwissenschaften), mit dem Ziel der Einheit von Mensch und Natur;
- Fremde Kulturen und Religionen (Völkerkunde, Volkskunde, Religionswissenschaft) mit dem Ziel der Rezeption und Anwendung »alter« Weisheits- und Erfahrungstraditionen;
- Spiritualität, Meditation, Kunst, Musik, alternative Wissenschaftstheorien sowie alle genannten Gebiete verbindende Theorien.

Selbstbedienungsladen der Religionen oder Offenheit für das kulturell Andere? Esoterik übernimmt Elemente verschiedener Traditionen in ihr Konzept (hier indianische *dreamcatcher*, »Traumfänger«, und japanische Fächer auf einer Esoterikmesse).

Antoine Faivre, einer der bekanntesten Esoterikforscher der Gegenwart, nennt vier Merkmale der Esoterik:

- die Idee der Korrespondenz bzw. Entsprechung von Mikro- und Makrokosmos,
- die Idee der lebenden Natur,
- Imagination und Meditation sowie
- die Erfahrung der Transmutation, das heißt der Veränderung durch Erkenntnis.

Darauf aufbauend soll im Folgenden eine kurze Kennzeichnung der Esoterik versucht werden.

Ziele der Esoterik

Wichtigstes Ziel ist die Erkenntnis der inneren Zusammenhänge zwischen Mensch, Welt und Kosmos sowie der Welt des »Geistes« hinter den äußeren Erscheinungen – kurz, wie Goethe es formulierte, dessen, »was die Welt im innersten zusammenhält«. Untrennbar damit verbunden ist das Streben nach Veränderung und Erweiterung des Bewusstseins und entsprechend die Weiterentwicklung und Vollendung der eigenen Persönlichkeit.

Analogiedenken und ganzheitliches Denken

Esoterisches Denken geht von einer Analogie, einer Entsprechung von Makrokosmos und Mikrokosmos aus: Bestimmte Phänomene und Vorgänge in den Bereichen Mensch – Natur – Kosmos entsprechen einander. Häufig wird das Bild des Menschen als Mikrokosmos in seiner Analogie zum Makrokosmos verwendet. Im Unterschied dazu geht empirisch-wissenschaftliches Denken von Ursache und Wirkung aus. Grundlage der Esoterik ist ein ganzheitliches Weltbild bzw. ganzheitliches Denken (in der Fachsprache Holismus), das einerseits die Einheit des Individuums mit dem Kosmos und andererseits mit dem Göttlichen betont. Auch Körper, Seele und Geist werden als Einheit gesehen.

Weltbild

Das esoterische Menschenbild betont – vereinfacht dargestellt – zwei Pole des Menschen: das »höhere Selbst«, das Anteil am Göttlichen hat (auch als Seele, Geist, Atman oder Geistfunke bezeichnet) und die niedere Persönlichkeit, das Ego. Das Ego besteht aus dem Mentalkörper (Verstand – nur dem Mensch eigen), dem Astralkörper (Emotionen – auch den Tieren eigen), dem Ätherkörper (Lebenskraft – auch den Tieren und Pflanzen eigen) und schließlich dem physischen Körper (materielle Basis – auch den Tieren, Pflanzen und Mineralien eigen). Mit diesem Menschenbild verbunden sind die Begriffe »Feinstofflichkeit«, die den Grenzbereich zwischen Geist und Materie bezeichnet, »Energie« oder »Schwingung« als Vorstellung einer Kraft am Rande des Körperlichen (auch als Magnetismus, Od, Äther, Manitu, Mana, Fluidum, Astrallicht, Qi bezeichnet), die auf die Bereiche zwischen Gefühl und Körper und zwischen Bewusstsein und Materie angewandt wird. »Aura« schließlich bezeichnet die ätherische Ausstrahlung des Körpers, den Astralkörper oder alle feinstofflichen Bereiche des Menschen. Nach dem Tod wird der physische Körper abgelegt, der Astralköper als Bewusstseinsträger existiert weiter. Geläufig ist auch die Vorstellung der Wiedergeburt.

Nach den Vorstellungen der Esoterik ist die Evolution und Geschichte des Menschen, der Erde und des Kosmos der Prozess, in dem sich das Göttliche seiner selbst bewusst wurde und wird. In dieser Selbstbewusstwerdung des Göttlichen spielt der Mensch aufgrund seiner Erkenntnisfähigkeit, die ihn von anderen Wesen unterscheidet, die entscheidende Rolle. Somit wird letztlich durch den Menschen die kosmische Entwicklung vorangetrieben. Kosmos und Welt (einschließlich Mensch und Lebewesen) entstanden durch die Vervielfältigung des Göttlichen und sind somit göttlich und damit auch belebt und beseelt. Andererseits unterscheiden sie sich von dem Göttlichen und stehen ihm als Einzelwesen gegenüber, weil sich das Göttliche entfernt oder zurückgezogen hat. Der Mensch muss sich seines göttlichen Ursprunges erst wieder bewusst werden – durch Bewusstseinserweiterung oder einen spirituellen Erkenntnisprozess.

Konzepte und Erscheinungsformen

Die Grundkonzepte der modernen Esoterik sind Theosophie, Alchemie (Hermetik) und Kabbala. Als Erscheinungsformen von Esoterik sind vor allem Anthroposophie, New Age und Neuheidentum einschließlich Wicca-Kult und Schamanismus sowie die diversen Heilungstherapien zu nennen. Die Esoterik begründet ihren Anspruch auf Wahrheit mit der Berufung auf uraltes Wissen und esoterische Weisheitstraditionen (Gnosis, Kabbala, Alchemie, Weisheitstraditionen der altägyptischen, hinduistischen, buddhistischen und indianischen Religionen), bis heute weitergegeben durch eine Reihe von eingeweihten Weisen.

Praxis

Den Schwerpunkt der Esoterik bildet die Praxis und weniger Theorien oder Konzepte. Ziel der esoterischen Praxis ist, durch Erkenntnis eine Veränderung und Erweiterung des Bewusstseins bzw. der Persönlichkeit zu erlangen – im Sinne einer Vervollkommnung oder zweiten Geburt. Dazu dienen Bewusstseinsübungen (Imagination), Meditation, Yoga, Magie, Astrologie, Tarot und vor allem die vielfältigen Heilungstherapien wie Homöopathie, Bachblütenthereapie, Ayurveda, chinesische Medizin, anthroposophische Medizin, Psychotherapien bis hin zum Schamanismus. Denn die Vervollkommnung der Persönlichkeit bedeutet letztlich auch Heil und Heilung.

Die Esoterik begründet ihren Anspruch auf Wahrheit mit der Berufung auf altes Wissen bzw. auf esoterische Weisheitstraditionen, bis heute weitergegeben durch eine Reihe von eingeweihten Weisen. In der Reihe dieser Weisheitstraditionen sieht die moderne Esoterik vor allem das alte Ägypten, Indien und Tibet, die Kelten und Germanen, Kabbala und Alchemie, die Katharer, Templer, Freimaurer und Theosophen, Religionen wie Buddhismus, Hinduismus und sogenannte »indianische Spiritualität« sowie als Weise beispielsweise Pythagoras, Platon, Plotin, Mystiker des Mittelalters und Gelehrte der Renaissance wie Paracelsus, Agrippa von Nettesheim oder John Dee.

Der Esoterik geht es um die Erkenntnis alter, meist geheimer, Weisheitstraditionen. Als eine dieser Weisheitsquellen gilt das alte Ägypten (hier die Sphinx vor der Cheopspyramide).

Tatsächlich sind die genannten Beispiele durch esoterische Tradition geprägt, und die moderne Esoterik hat vieles davon übernommen, so dass es dementsprechend Gemeinsamkeiten gibt und man in der europäischen Religionsgeschichte durchaus im engeren Sinne eine Entwicklungslinie von der antiken Philosophie, den Mysterienkulten und Gnosis der Antike, der Alchemie und der jüdischen Kabbala des Mittelalters und der Neuzeit bis hin zu Theosophie, Anthroposophie und der modernen Esoterik ziehen kann. Gemeinsam sind vor allem die Vorstellung über die Seele und ihre Unsterblichkeit, über den Abstieg oder Fall der Seele und ihre Verbindung mit der Materie sowie den Aufstieg der Seele zu ihrem Ursprung im Göttlichen.

Griechische Philosophie: Platon, Plotin und die Folgen

Philosophen wie Platon, Plotin, Pythagoras und Aristoteles beeinflussen vor allem mit ihrer Seelenlehre bis heute nicht nur entscheidend das Christentum, sondern auch die Esoterik.

Grundlage für die Seelenlehre der griechischen Philosophie waren vor allem die Vorstellungen der **Orphik**. Die Orphik war eine religiöse Bewegung in Griechen-

Die Philosophie des alten Griechenland ist eine der Grundlagen esoterischer Tradition (hier die Akropolis von Athen, Parthenon).

land ab dem 6. Jh. v. Chr. Namensgebend war der mythische Sänger Orpheus. Grundlage der orphischen Seelenvorstellung ist der Mythos von Dionysos, einem Sohn des Göttervaters Zeus. Dionysos wurde von den Titanen getötet. Zeus tötet daraufhin durch einen Blitz die Titanen, und aus ihrer Asche entstehen die Menschen. Der Mensch hat sowohl das Dionysische geerbt, das die Seele darstellt, als auch das Titanische, das der Körper ist. Das Titanische steht für das Irdische und das Böse, das Dionysische für das Göttliche und Gute. Die Seele ist im menschlichen Körper gefangen und an Wiedergeburten gebunden. Ziel ist die Befreiung der Seele aus dem Titanischen und ihre Rückkehr ins Dionysische. Dazu dient eine sittlich-ethische Lebensführung und Askese. Die orphische Lehre vom Fall und der Rückkehr der Seele und vom Dualismus von Seele und Körper beeinflusste sowohl die griechische Philosophie als auch die spätere Religionsgeschichte, einschließlich Christentum und Esoterik.

Pythagoras (um 580–500 v. Chr.) ist vor allem als Mathematiker bekannt (»Satz des Pythagoras« über das rechtwinklige Dreieck). Er betrieb Zahlenspekulationen und ging von einer auf einem bestimmten Zahlensystem beruhenden harmonischen Ordnung der Welt aus. Er entwickelte aber auch als erster eine Seelenlehre, in der er die Vorstellung der Unsterblichkeit der Seele und die Seelenwanderung vertrat. Und er gründete eine der Orphik nahestehende religiöse Gemeinschaft.

Auch **Platon** (427–347 v. Chr.) ging von einem Dualismus zwischen dem Körper und der den Körper beherrschenden Seele aus. Die Seele besteht nach Platon aus drei Teilen: Vernunft (der göttliche Teil) sowie Mut und Begierde (die niederen Teile der Seele). Von Pythagoras und der Orphik übernahm Platon die Idee der Unsterblichkeit der Seele. Die Seele hat bereits vor dem irdischen Leben des einzelnen Menschen existiert (Präexistenz) und existiert auch nach seinem Tod weiter (Postexistenz). Die Seele stammt aus dem lichten Bereich des *nous* (des Göttlichen und des Vernünftigen), ihre Inkarnation im menschlichen Körper und die Bindung an den dunklen Bereich der Materie ist eine Folge der sinnlichen Begierde. Der Körper ist für die Seele wie ein »Grab«, Ziel ist daher die Rückkehr zum Urzustand der Seele. Dies ist mit der sog. Ideenlehre Platons verbunden. Die Seele hat die Ideen, vor allem die Idee des Guten, in einem früheren Dasein geschaut, bei der Inkarnation in den Körper aber vergessen. Sie muss sich durch Lernen und Erkennen an die Ideen wieder erinnern (*anámnesis*). Platon verdeut-

Platon (mit erhobener rechter Hand nach oben zeigend) und Aristoteles (nach vorne zeigend) als die bedeutendsten Philosophen der griechischen Antike (»Schule von Athen«, Fresko von Raffael, 1508–11, Vatikanische Museen, Rom).

licht dies mit dem bekannten Höhlengleichnis, in dem Gefangene in einer Höhle nur die Schatten von Gegenständen sehen und nicht die reale Welt.

Aristoteles (384–322 v. Chr.) entwickelte eine bis heute maßgebende Einteilung der Lebewesen in Pflanzen, Tiere und Menschen und eine dem entsprechende Einteilung der Seelen (*De anima* II, 4), auf die nicht nur das Christentum, sondern u. a. auch Rudolf Steiner zurückgriff: Alle Lebewesen besitzen eine *anima vegetativa*, eine Seele, die für die Ernährung und das Wachstum verantwortlich ist, Tiere und der Mensch besitzen zudem eine *anima sensitiva*, eine Seele, der Empfindung und Bewegung zugeordnet sind. Der Mensch aber ist den anderen Lebewesen überlegen mit der nur ihm eigenen *anima rationalis*, das heißt der Vernunft und der geistigen Tätigkeit.

Der **Neuplatonismus**, die letzte bedeutende philosophische Richtung der Antike, geht auf die Lehre Platons zurück, verbunden mit Einflüssen der Philosophie des Aristoteles und der Stoa. Plotin (204–270 v. Chr.) war der wichtigste Vertreter des Neuplatonismus. Inhalt seiner Philosophie ist der Abstieg und die Rückkehr der Seele zum Einen (*hen*). Das Eine ist die absolute Einheit, das »Gute«, woraus die Vielfalt allen Seins hervorgegangen ist. Wie Sonnenstrahlen und Sonne nicht voneinander zu trennen sind, so ist auch alles Sein mit dem Einen verbunden. Ähnlich wie die Sonnenstrahlen strahlt das Eine in einem Prozess der Emanation etwas aus seiner Überfülle aus – über die höchste Stufe des Geistes, die Stufe der Seele (sowohl Weltseele als auch die Einzelseelen als Teile der Weltseele) bis zur untersten Stufe der Materie bzw. der körperlichen Welt. Aber neben dem Abstieg kommt es auf demselben Weg auch wieder zu einem Aufstieg der Seele zum Einen.

Gnosis: Der Weg der Erkenntnis

Das griechische Wort **Gnosis** bedeutet »Erkenntnis« und bezeichnet im ursprünglichen Sinn eine religiöse Bewegung der Antike, von 100–400 n. Chr., die ihren

Die Mysterienkulte der Antike gingen auf altägyptische Tradition zurück und fanden in Griechenland und später in Rom viele Anhänger (hier eine immer noch rätselhafte Darstellung mit einer Initiationsszene aus der Villa dei Misteri, Pompei).

Höhepunkt im 2. Jh. n. Chr. hatte. Wie der Name schon sagt, ist das Hauptziel der Gnosis, Erkenntnis im spirituellen Sinne zu erlangen. Diese spirituelle Erkenntnis war nur für einen elitären Kreis zugänglich, so dass Gnosis als »Wissen um göttliche Geheimnisse, das einer Elite vorbehalten ist« (so der Gnosis-Kongress in Messina 1966) definiert werden kann. Im weiteren Sinn werden auch bestimmte religiöse Strömungen seit dem 19. Jh., besonders die Theosophie und Anthroposophie, der Gnosis zugerechnet, zur Unterscheidung wird dann oft der Begriff »Gnostizismus« verwendet.

Die verschiedenen antiken Strömungen der Gnosis verbindet ein theologisches Grundkonzept: zunächst der Glaube an eine positiv bewertete höchste, aber jenseitige und ferne Gottheit in der obersten Sphäre, der absolut reinen Geisteswelt (das *pleroma*, »die Welt der Fülle«). Dies macht die Vorstellung von weiteren göttlichen, dem Menschen näherstehenden Mittlern wie etwa Engeln notwendig. Die diesseitige, materielle Welt wird negativ gesehen, denn sie wurde von einem *demiurgos* (»Handwerker«), einem bösen oder unwissenden Schöpfergott erschaffen. Himmlische Mächte, Planeten und Archonten sind die Helfer dieses *demiurgos*. Aus der reinen, göttlichen Geisteswelt sind – quasi durch einen Unfall – göttliche Lichtfunken in die diesseitige Welt gefallen und werden hier gefangengehalten, bis sie »erlöst« werden bzw. zu ihrem Ursprung in der geistigen Welt zurückkehren können. Diese göttlichen Funken sind auch in bestimmten Menschen vorhanden, eben den Gnostikern, die erkennen und wissen, dass mit diesen Funken ein Teil der höchsten Gottheit in ihnen existiert. Diese Erkenntnis, die durch einen Erlöser aus der obersten Sphäre vermittelt wird, bedeutet gleichzeitig die Befreiung und Erlösung. Nach der Gnosis bestanden die Menschen aus »Sarkikern« oder »Hylikern« (an den Körper bzw. die diesseitige Welt gebundene Menschen), die nicht der gnostischen Lehre anhingen, den »Psychikern« (Seelenmenschen), die zwar Anhänger der gnostischen Lehre waren, aber noch auf dem Weg zur Erkenntnis (*gnosis*) sind, sowie den »Pneumatikern« (Geistesmenschen), den Gnostikern, die zur Erkenntnis gekommen und somit erlöst sind. Während die Seelen der Pneumatiker nach dem Tod direkt ins Lichtreich gelangen, werden die Seelen der Hyliker und Psychiker solange wiedergeboren, bis sie ebenfalls zur Erkenntnis gelangen. Daraus folgt nicht nur eine negative Bewertung der diesseitigen, materiellen Welt, in der sich der Gnostiker als fremd und einsam empfindet, und eine entsprechende »No-Future-Haltung«, sondern auch ein kosmischer Dualismus, der vor allem den Gegensatz von Welt und Gott, Welt und Mensch sowie Materie und Geist betont.

Pistis Sophia spielt in der Gnosis als »Weisheit« eine wichtige Rolle und wurde auch in der modernen Esoterik übernommen (hier als Karte von Angela McGerr und Richard Rockwood, 2004).

Zu den wichtigsten Gnosis-Schriften zählen der Codex Brucianus (der u. a. die bedeutende Schrift *Pistis Sophia* enthält), der Berliner Codex (enthält u. a. das *Evangelium nach Maria*, die *Geheimschrift des Johannes*), der Kölner Mani-Codex (eine Biographie Manis), ferner die Funde von Nag Hammadi (in Oberägypten, 13 Codices mit 52 Schriften, u. a. Briefe und vor allem Apokalypsen in koptischer Sprache, der Sprache der ägyptischen Christen) und Turfan (in Zentralasien, manichäische Texte, vor allem auf Chinesisch). In vielen Texten der Gnosis geht es um den Fall der göttlichen Lichtfunken in die diesseitige Welt und ihre Befreiung.

Neben diesen gnostischen Texten gibt es als weitere Quellen die Schriften antiker christlicher Autoren, wie Justin, Irenaeus von Lyon, Clemens von Alexandrien, Hippolyt von Rom, Origenes, Epiphanius und Tertullian. Diese berichten von verschie-

Viele wichtige Schriften der Gnosis wurden in Ägypten gefunden (hier der Tempel von Amenophis III. in Luxor, Neues Reich).

denen gnostischen Bewegungen, wie etwa der von Marcion und seinen Anhängern, den Marcioniten, von Valentin und seinen Anhängern, den Valentinianern, oder den Sethianern. Wie schon die Titel wie etwa *Gegen die Häresien* von Irenaeus andeuten, wird in diesen Werken die Gnosis kritisch, ja polemisch als Häresie, als Ketzerei oder Abfall vom christlichen Glauben, abgewertet. Ziel war dabei die Bekämpfung der Gnosis, weshalb die Werke der christlichen Autoren auch nicht als neutrale Quellen gelten können. So wissen wir letztlich über die frühe Gnosis sehr wenig. Vieleicht war sie eine alternative Form des frühen Christentums.

Etwas besser informiert sind wir über die spätere Gnosis in Form der von Mani gestifteten Weltreligion des **Manichäismus**. Mani wurde 216 n. Chr. in Seleukia-Ktesiphon (im heutigen Irak) geboren. Sein Vater gehörte einer jüdisch-christlichen Täufersekte an, von der sich Mani im Alter von 24 Jahren trennte, als in Visionen der Ruf an ihn erging, als »Apostel des Lichtes« tätig zu sein. Während ausgedehnter Missionsreisen bis nach Indien verkündete Mani seine Lehre. Wurde die Religion Manis zunächst im Reich der Sassaniden großzügig toleriert, waren schließlich die Priester der Religion des Zoroastrismus gegen Mani erfolgreich, so dass Mani unter dem neuen Herrscher Vahram I. am 26. Februar 277 n. Chr. hingerichtet und sein Leichnam verstümmelt wurde. Seine Anhänger verglichen Manis Ende mit der Passion Jesu Christi. Die Lehre Manis geht von einem ausgeprägten Dualismus zwischen Gott und Widergott sowie zwischen den Mächten des Lichtes und der Finsternis, zwischen Leben und Tod, Gut und Böse aus. Der »reine« Urzustand ist der der Trennung von Licht und Finsternis, aber in der diesseitigen Welt haben sich diese Mächte vermischt. Die Apostel des Lichtes, angefangen von Adam über die biblischen Patriarchen und weiter über Zoroaster, Buddha, Jesus und Paulus bis hin zu Mani als letztem dieser Reihe, sind gesandt, den ursprünglichen Zustand der Trennung von Gut und Böse wieder herzustellen. Der Manichäismus kann als Versuch einer

Synthese, einer Vereinigung und gleichzeitigen Überbietung der damaligen großen Religionen Zoroastrismus, Buddhismus, Judentum und Christentum zu einer einzigen Religion angesehen werden. Dazu benutzte der Manichäismus die Sprachen und die Terminologie dieser Religionen. Hatte der Manichäismus bis ins frühe Mittelalter Erfolge, anfangs sogar als eine ernste Konkurrenz zum Christentum, fand er im 15. Jh. sein Ende.

Die Erkenntnis der Zusammenhänge von Mensch, irdischer und göttlicher Welt spielt nicht nur in der Gnosis die entscheidende Rolle, – sondern ebenso in späteren esoterischen Traditionen, wie hier die Darstellung »Baum der Erkenntnis von Gut und Böse« der Rosenkreuzer zeigt.

Das Christentum ist nicht ganz ohne Einfluss der Gnosis geblieben. Dies zeigt sich etwa beim Johannes-Evangelium und einigen Schriften des Paulus, bei der Abwertung des Leiblichen und der Vorstellung vom Teufel als »Herrn dieser Welt« (was dem *demiurgus* in der Gnosis entspricht). Vor allem die esoterischen Traditionen im Christentum sind durch Vorstellungen geprägt, die der Gnosis ähnlich sind.

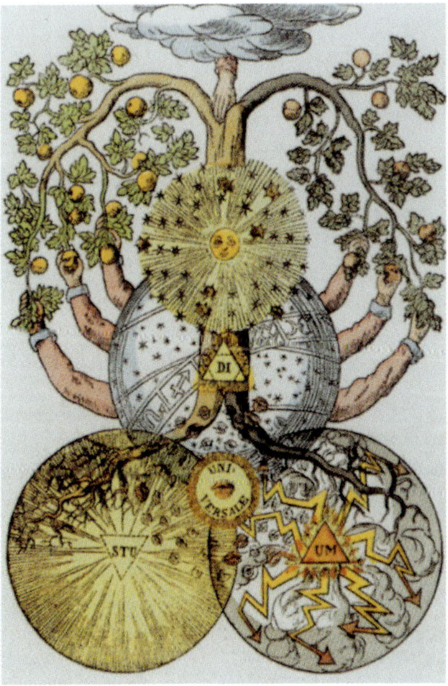

In diesem Zusammenhang ist auch der Parsismus zu erwähnen, von dem die Gnosis vor allem das dualistische Weltbild übernahm, sowie die Bewegungen der Bogomilen, Katharer und Waldenser im mittelalterlichen Europa, die sozusagen als Nachfolger von Gnosis und Manichäismus gelten können. Der **Parsismus**, auch Mazdaismus oder Zoroastrismus genannt, eine heute noch existierende Religion, wurde im 6. Jh. v. Chr. von Zarathustra (Zoroaster) im Iran gestiftet. Er geht von einem radikalen Dualismus aus zwischen dem Gott Ahura Mazda, der das gute Prinzip verkörpert, und seinem Gegenspieler Ahriman, der für das böse Prinzip steht. Der Mensch befindet sich so in einem kosmischen Kampf zwischen Gut und Böse und muss sich für eine Partei entscheiden. Auch der Glaube an Engel und an die

Auferstehung stammt ursprünglich aus dem Parsismus und wurde, wie der Dualismus, vom Judentum und Christentum übernommen.

Die manichäische Religion setzte sich zuletzt durch die Bewegung der **Bogomilen** (slawisch, »Gottesfreunde«) und Katharer fort. Die Bogomilen-Bewegung entstand im 10. Jh. in Bulgarien und verbreitete sich in Kleinasien und auf dem Balkan. Sie vertrat eine dualistische Weltauffassung, lehnte das Alte Testament, die Sakramente und den prunkvollen Reichtum der Kirche von Byzanz ab. Ihr Ende erfolgte mit der türkischen Eroberung Bosniens um 1463 n. Chr.

Die Bewegung der **Katharer** (griechisch, die »Reinen«) entstand um 1100 n. Chr. in Südfrankreich und Oberitalien und breitete sich von dort in Europa aus. Die Katharer waren durch die Bogomilen beeinflusst und werden auch Albigenser, Neumanichäer oder Apostoliker genannt. Sie besaßen keine dogmatische Lehre, betonten aber einen radikalen Dualismus zwischen Gut und Böse und ein Armutsideal im Sinne des Franz von Assisi. Sie entwickelten sich zu einer Art Gegenkirche, die von der Inquisition brutal als Ketzer verfolgt und bekämpft wurde. Bis zum 15. Jh. konnte die Bewegung der Katharer dennoch überleben.

Die Bewegung der **Waldenser** geht auf den Kaufmann Petrus Waldes aus Lyon zurück. Dieser wendete sich 1175 n. Chr. – ähnlich wie Franz von Assisi – von einem Leben in Reichtum ab, verteilte sein Vermögen an die Armen und lebte fortan selbst in Armut. 1184 wurde diese Laienpredigerbewegung von der offiziellen Kirche ausgeschlossen, da die Waldenser Papsttum, Hierarchie, Sakramente etc. ablehnten. Die Waldenser wurden wie die Katharer, von denen sie einiges übernahmen, von der Inquisition bekämpft. Den Waldensern gelang es indessen, sich bis in die Gegenwart zu halten – wenn auch nur als kleine Minderheit.

Mysterienkulte: Orgien im Geheimen?

Die Bezeichnung Mysterienkulte (von griechisch *mysterion*, »Geheimnis«, auch »geheime Feier«) bezieht sich auf eine geheime, nur einem Kreis von Eingeweihten, den Mysten, zugängliche Form von Religion im Unterschied zur offiziellen, allen zugänglichen, öffentlichen Religion in der Antike. Aufgrund der Arkandisziplin, der Verpflichtung zur Geheimhaltung, war es den Eingeweihten verboten, mit Außenstehenden über die Mysterienkulte zu sprechen. Daher wissen wir – auch wenn es einige Informationen und Quellen gibt – relativ wenig über die Mysterienkulte: Es lassen sich zwar die Umrisse erfassen, aber keine Details. Im Mittelpunkt des Kultes stehen Götter, deren Zuständigkeitsbereich meistens die Fruchtbarkeit, Vegetation und Natur ist. Die Erfahrung der Jahreszeiten in der Natur führte oft zur Vorstellung von einem leidenden und sterbenden Gott, der dann aber wieder zum Leben erwacht. Das Schicksal der Gottheit wurde durch einen Mythos, eine heilige Erzählung, tradiert und im Kult durch Präsentation, Handlungen und Lesungen nachvollzogen.

Der Mysterienkult der Demeter hatte sein Zentrum in Eleusis, in der Nähe von Athen. Demeter war als Erd- und Muttergottheit vor allem für die Getreideernte zuständig. Die Tochter der Demeter, Kore, wurde von Hades, dem Gott der Unterwelt, gewaltsam entführt. Hades machte Kore zu seiner Frau und sie wurde als Persephone zur Herrin der Unterwelt. Demeter suchte sie und ließ aus Trauer keine Saat mehr wachsen. Schließlich kam es zur Einigung zwischen Demeter und Hades: Kore musste zwar ein Drittel des Jahres in der Unterwelt bleiben, das übrige Jahr konnte sie aber in der Oberwelt verbringen. So bilden die Bereiche Ackerbau und Getreide sowie die Unterwelt bzw. das Wachsen und Vergehen in der Natur den Mittelpunkt des Demeter-Kultes.

Der Mysterienkult der ägyptischen Götter Isis und Osiris hat seinen Ursprung im altägyptischen Totenkult. Isis war mit ihrem Bruder Osiris verheiratet. Ihr gemeinsamer Bruder Seth tötete und zerstückelte Osiris. Isis sammelt die einzelnen Stücke auf und mit Hilfe ihres Sohnes Horus und der Götter kann sie Osiris

Weiherelief aus Eleusis mit Demeter, Triptolemos und Persephone (Athen, Archäologisches Nationalmuseum).

Die wichtigsten Götter des altägyptischen Pantheons und der Isis-Mysterien, der Totengott Osiris (Mitte), sein Sohn Horus (rechts) und seine Schwester und Frau Isis (links), waren auch der Mittelpunkt der Isis-Mysterien (Ägypten, 9. Jh. v. Chr.). Osiris wurde zum ikonographischen Vorbild der Darstellung Jesu als Weltenherrscher (Kosmokrator oder Pantokrator).

wieder zum Leben erwecken. Osiris wird nun zum Gott der Unterwelt bzw. des Totenreiches, Horus der Gott der Oberwelt. Im hellenistischen Mysterienkult vermischte sich Osiris mit dem Göttervater Zeus und dem Unterweltgott Pluto zum Gott Sarapis, Isis wurde zur Schutzherrin der Seefahrt. Osiris als Gott des Jenseits symbolisiert auch das Wasser und die Fruchtbarkeit. Tod, Auferstehung und Fruchtbarkeit sind auch in diesem Mysterienkult die zentralen Motive.

Weiter sind der durch Ekstase und Orgien gekennzeichnete Mysterienkult des Dionysos, des Weingottes, sowie der Kult des Mythras, des Gottes der Sonne und des Feuers, zu nennen. Mysterienkulte boten dem Einzelnen individuelle Erlösung, Heil und Seligkeit nicht nur im jenseitigen, sondern auch schon im diesseitigen Leben. Dies wird dem Mysten, dem Eingeweihten, durch die Gottheit garantiert. Es war eine Hinwendung zur individuellen Religiosität, bei

Ceres (lateinisch für Demeter), Bacchus (lateinischer Name des Dionysos) und Amor feiern die Fruchtbarkeit der Erde (Hans von Aachen, 1552–1615, Wien, Kunsthistorisches Museum).

der auch Kraftglaube und Okkultismus eine wichtige Rolle spielten. Die Mysterienkulte waren synkretistisch, eine Mischung aus griechischen, altägyptischen und altorientalischen Glaubenvorstellungen, und dieses Exotische und Fremde machte nicht zuletzt die Faszination der Kulte aus. Die Mysterienkulte fanden mit der Ausbreitung des Christentums ihr Ende, zum einen weil das Christentum attraktiver erschien und auch etliche Elemente der Mysterienkulte übernahm, zum anderen aber auch durch gewaltsame Bekämpfung.

Demeter (römisch, 1. Jh., Karthago, Tunesien, Museum).

Kabbala: Die geheime Tradition

Gnosis und jüdische Apokalyptik bildeten die Basis für die Entwicklung der jüdischen Mystik, als deren Erscheinungsformen Hekalot-Mystik, Kabbala und Chassidismus zu nennen sind.

Apokalyptik (von griechisch *apokalyptein*, »enthüllen«, »offenbaren«) meint dem Wortsinn nach zunächst allgemein die Enthüllung von Geheimnissen, speziell aber die eschatologischen (endzeitlichen) Geheimnisse. Mit dem Begriff »Apokalyptik« wird eine religiöse Bewegung des Frühjudentums (der Epoche des Judentums vom babylonischen Exil 538 v. Chr. bis zur talmudischen Zeit nach der Zerstörung des Tempels in Jerusalem um 70 n. Chr.) bezeichnet, von der heute nur noch die Literatur, die Apokalypsen, bekannt sind. Wichtige Apokalypsen sind beispielsweise »Jubiläen«, »4 Esra«, »Baruch«, »Daniel« (Altes Testament), »Offenbarung« (Neues Testament) und die Henochbücher – um nur einige zu nennen. Das apokalyptische Weltbild unterscheidet dualistisch zwischen der

Henoch gilt als biblischer Prophet (Genesis 5,21 ff.) und als Verfasser der sogenannten Henochbücher, deren wirkliche Autoren unbekannt sind. (Fenster in der All Saints Church, Selsley, Gloucestershire).

gottfernen und ungerechten Gegenwart, dem jetzigen Äon oder Zeitalter, und der nach einem universalen Gericht kommenden paradiesischen Heilszeit.

Als weitere Entwicklungsphase nach der Apokalyptik ist die **Märkaba-** oder **Hekalot-Mystik** während der Zeit des talmudischen Judentums (70 n. Chr. – 7. Jh. n. Chr.) von Bedeutung. Ziel der Märkaba-Mystik ist die Schau Gottes auf seinem Thron bzw. Thronwagen (*märkaba*). Um zum Thron Gottes zu gelangen, muss der Mystiker durch sieben himmlische Paläste bzw. Hallen (*hekalot*) reisen. Diese Himmelsreise selbst wurde später wichtiger als das eigentliche Ziel, der Thron Gottes – daher dann die Bezeichnung Hekalot-Mystik. Die Schriften der Hekalot-Mystik beschreiben die esoterischen Praktiken, die zur Schau Gottes führen. Um eine Vorstellung von dieser Art mystischer Schau zu bekommen, braucht man nur das Buch der Offenbarung des Neuen Testamentes aufzuschlagen (Offb. 4,1–11). Schriften der Hekalot-Mystik sind z. B. die *Kleinen Hekalot*, die *Großen Hekalot* und das *3. Henoch-Buch*.

Als nächste Station auf dem Weg zur Kabbala ist das *Sefär Jetzirah* (»Buch der Schöpfung«) zu nennen, das zwischen dem 3. und 6. Jh. in Palästina entstand – vor dem Hintergrund von Gnosis, Magie und Märkaba-Mystik. Es fasst erstmals systematisch die jüdisch-eso-

Apokalyptik und Kabbala sind religiöse Bewegungen des Judentums. Tora-Nische der Synagoge von Dura Europos (Israel, um 200 n. Chr.).

terische Buchstaben- und Zahlensymbolik zusammen und erwähnt auch die Sefirot (s. S. 30), hier aber als die Urzahlen 1 bis 10.

Auf dieser Grundlage entstand in der zweiten Hälfte des 12. Jh. in Südfrankreich (Provence) die **Kabbala** (»Tradition«). Sie verbreitete sich während des 13. Jh. auch in Spanien (vor allem Gerona). Die Provence war zu dieser Zeit durch die Bewegungen der Katharer und Waldenser geprägt, die nicht ohne Einfluss auf das Judentum blieben. Auch ein Einfluss der aristotelischen und neuplatonischen Philosophie ist feststellbar. Die Kabbala versuchte, die »negative Theologie«, die davon ausging, dass Gott unbeschreibbar bzw. nur negativ beschreibbar ist (»Gott ist nicht ...«), mit der Möglichkeit zu verbinden, doch eine Annäherung an Gott, eine mystische Schau Gottes, zu ermöglichen und somit gewisse Aussagen über ihn zu machen. Die Distanz zwischen Mensch und Gott wurde dabei aber nie ganz aufgehoben.

Die Kabbala geht von der Idee aus, dass der Mensch das Zentrum des Kosmos ist, ein Mikroskosmos, der gleichzeitig den ganzen Kosmos repräsentiert. Als solcher kann der Mensch auch Einfluss auf den Kosmos ausüben: »Ein Mensch entspricht der gesamten Schöpfung« (Rabbi Natan, Kap. 31,3, Version A). Durch den Bund Abrahams bzw. Israels mit Gott steht Israel in der Mitte des Kosmos, und die hebräische Sprache und Schrift entsprechen der kosmischen Ordnung. Der Mensch ist aber nicht nur ein Gegenstück zum Kosmos, sondern auch zu Gott, den man als Makroanthropos ansah. Die kabbalistische Geheimlehre beschreibt nun die Art und Weise, wie diese göttlichen Kräfte untereinander, von oben nach unten und umgekehrt, wirken und wie sie durch Frömmigkeit oder Sünde beeinflusst werden. Bibel, Talmud und Midrasch waren für den Kabbalisten eine symbolisch-verschlüsselte Beschreibung der Sefirotvorgänge, und seine Aufgabe war die entsprechende Auslegung.

Fußbodenmosaik der Synagoge von Bet Alfa (Israel, 5./6. Jh. n. Chr.) mit Tierkreiszeichen und dem Sonnengott Helios.

Die erste bedeutende Schrift der frühen Kabbala ist das Buch *Bahir* (»hell«, »klar«, »leuchtend«), erstmals Ende des 12. Jh. in Südfrankreich belegt. Im *Bahir* findet sich u. a. die Vorstellung des kosmischen Baumes, in den Gott seine kosmischen Kräfte einfließen lässt, sowie die Idee der Seelenwanderung. Die Seelenwanderung erklärte das scheinbar ungerechte Leiden in der Welt damit, dass der Gerechte, dem es im jetzigen Leben schlecht geht, dafür bestraft wird, dass er in einem früheren Leben ein Frevler war.

Das wichtigste Werk der Kabbala aber ist das Buch *Zohar* (»Glanz«). Es wurde höchstwahrscheinlich von Mose di León (gest. 1305) gegen Ende des 13. Jh. verfasst, als Autor wird aber Rabbi Simon bar Jochai (2. Jh.) angegeben, es ist somit pseudepigraphisch. Der Zohar besteht aus fünf Teilen, von denen drei praktisch einen Kommentar zur Tora bzw. Bibel bilden. Inhaltlich beschäftigt er sich vor allem mit der Frage, wie sich das Verhältnis zwischen Gott und irdisch-materieller Welt darstellt. Verdeutlicht wird dies mit der Lehre von den *sefirot*. Das *en sof* (»das Unendliche«) als die absolut transzendente, verborgene Gottheit kann nicht erkannt oder mit irgendeinem Namen erfasst werden, es ist das Oberste von allem.

Das absolut transzendente, eigenschaftslose Göttliche, das En Sof bzw. »Unendliche«, offenbart sich selbst durch die Emanation der Sefirot. Der EINE manifestiert sich in einer Vielheit von Sefirot, die – paradoxerweise – gleichzeitig wiederum seine Einheit darstellen. Die Sefirot sind Manifestationen des Göttlichen im Sinne seiner Potenzen oder Wirkungskräfte. Sie sind Aspekte des Wesens Gottes bzw. Daseinsformen, die von Gott ausstrahlen wie die Strahlen von der Sonne. Die Sefirot werden auch bezeichnet als Namen, Stufen, Aspekte, Eigenschaften, Prinzipien, Kräfte, Emanationsstufen, Farben, Säulen, Pforten oder Kleider Gottes. Die Vorgänge und Beziehungen zwischen den zehn Sefirot sind innergöttliche Prozesse, die Schöpfung der Welt beginnt erst mit der zehnten Sefira. Die Sefirot stehen miteinander durch 32 »Kanäle« oder geheime »Wege« in Verbindung. Der Zahlenwert 32 entstand aus der Summe der Zahlen 10 (Sefirot) und 22 (Buchstaben des hebräischen Alphabets). Durch das Sefirot-Konzept versuchte man die Wechselbeziehung zwischen dem endlichen Menschen und dem unendlichen Gott zu beschreiben und zu erklären.

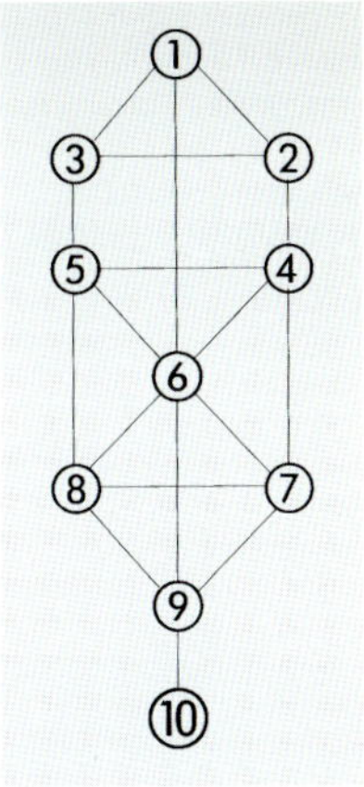

Schema des Sefirot-Baumes.

Die zehn Sefirot

1. Sefira: Krone (*kether*, die Verbindung zwischen dem En Sof und der sich in den Sefirot offenbarenden Schöpfungskraft Gottes)
2. Sefira: Weisheit (*chochma*); das göttliche Denken und der Urpunkt, der den Durchbruch vom Nichts zum Sein verkörpert. Als später die »Krone« als 1. Sefira von den anderen etwas abgetrennt wurde, schob man als zusätzliche Sefira »Erkenntnis« (*da'at*) ein.
3. Sefira: Verstand (*bina*; Geist Gottes, Ursprung der Seele, Bruchort der Tora)
4. Sefira: Gnade, Liebe (*chessed*) oder Größe (*gedulla*)
5. Sefira: Gericht (*din*) oder Stärke (*gebura*); auch Ursprung des Bösen
6. Sefira: Glanz (*tiferet*) oder Erbarmen (*rachamim*)
7. Sefira: Ewigkeit (*nezach*)
8. Sefira: Pracht (*hod*)
9. Sefira: Fundament (*jesod*) oder Gerechter (*saddiq*)
10. Sefira: Königsherrschaft, Reich (*malkut*); das weibliche Prinzip Gottes (*schechina*), auch Mutter der unteren Welten oder Mutter Israels genannt und als Königin angesehen

Die Sefirotlehre wird oft auch durch das Bild eines Weltenbaumes oder eines Menschen (Makro-Anthropos oder Urmensch) verdeutlicht. Bei diesen Darstellungen ist die rechte Hälfte die »Säule der Stärke« (das männliche, aktive, positive Prinzip), die linke Hälfte die »Säule der Gnade« (das weibliche, passive, empfangende Prinzip) und die Mitte die »Säule der Mitte« bzw. der Ausgleich.

Die Sefirotlehre ist letztlich eine spekulative Beschreibung des Zusammenhanges und Zusammenwirkens von diesseitiger und jenseitiger Welt, von Mikro- und Makrokosmos, wodurch die Bedeutung des Irdischen relativiert wird, indem das Irdische in einen ge-

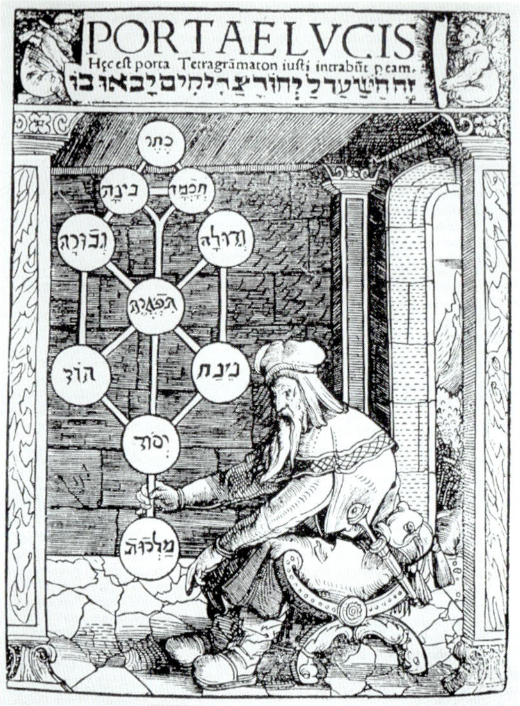

Schema des Sefirot-Baumes auf dem Titelbild des Werkes *Portae Lucis* (»Pforten des Lichts«) von dem spanischen Kabbalisten Josef Gikatilla.

samtkosmischen Zusammenhang dargestellt wird. Welt und Mensch entstanden durch die aus den Sefirot ausströmende Schöpfungskraft und sind als Mikrokosmos ein Spiegelbild der göttlichen Sefirot-Welt. Alles Geschehen auf der Welt ist letztlich das Resultat der wechselseitigen Beeinflussung von oben und unten, von göttlichen und menschlichen Kräften. Durch ein frommes Leben nach den Geboten der Tora und durch Gebete kann der Mensch (gemeint ist primär der jüdische Mensch) die Sefirot-Welt kontemplativ erfassen, in sie eintreten und ihre ursprüngliche Harmonie wiederherstellen. Diese Wiederherstellung der Harmonie (*tiqqun*) ist die Aufgabe des Menschen. Das Böse wurde durch die Trennung bzw. Verselbstständigung von Potenzen, verursacht durch die Sünde Adams, erklärt. Das Böse ist somit ein Bruch in der ursprünglichen Harmonie. Der Kabbalist kann durch Frömmigkeit von der niedersten, sündigen Seelenstufe zu der in der Kabbala offenbarten Weisheit gelangen. Die sündige Seele wird durch Reinkarnation bzw. Seelenwanderung (*gilgul*) geläutert.

Die kabbalistische Lehre des Zohar entwickelte sich zur jüdischen Theologie schlechthin. Als die Juden 1492 aus Spanien vertrieben wurden, wurde Safed in Palästina (Galiläa) zum Zentrum der Kabbala. Bekannte Kabbalisten waren Abraham Abulafia (1240 – um 1291), Josef Gikatilla (1248 – um 1325) sowie vor allem Mose Cordovero (um 1522–1570) und Isaak Luria (1534–1572).

Isaak Luria, der in Safed wirkte, erlangte schnell den Ruf eines anerkannten Gelehrten, ja Heiligen. Seine kabbalistische Lehre, die sogenannte lurianische Kabbala, entwickelte sich zu *der* kabbalistischen Lehre schlechthin. Luria entstammte einer osteuropäischen Familie, war aber in Ägypten aufgewachsen. Die lurianische Lehre lässt sich wie folgt zusammenfassen: Die Selbstoffenbarung Gottes besteht darin, dass er sich selbst einschränkt bzw. zurückzieht. Durch diese Selbsteinschränkung (*simsum*) Gottes entsteht Raum (*tehiru*) für die Schöpfung. In diesem außergöttlichen Raum sind aber Reste der göttlichen Lichtsubstanz zurückgeblieben, ähnlich wie ein Rest Flüssigkeit in einer ausgeleerten Flasche bleibt. Diese Lichtsubstanzen werden durch »Gefäße« (*kelim*) zusammengehalten. Ein Teil dieser Gefäße aber zerbricht. Dies ist der »Bruch der Gefäße« bzw. das Ur-Unglück. Mit den Scherben der Gefäße stürzen viele Lichtfunken in den Ur-Abgrund. Durch die Scherben entsteht die Welt des Bösen und der Dämonen, die ihre Lebenskraft aus den mit ihnen in die Tiefe gelangten, gefangenen Lichtfunken erhalten. Durch den Bruch der Gefäße und die Sünde Adams entsteht die Welt des Bösen, die ihre Kraft durch die Licht- und Seelenfunken erhält. Diese Licht- und Seelenfunken sind aber auch erlösungsfähig und -bedürftig. Seitdem ist die Sammlung der gefangenen Seelenteile und -funken sowie die Wiederherstellung der Einheit der Seelen (*tiqqun*) und der ursprünglichen Harmonie das Ziel. Dies ist äußerst schwierig,

weil die Zahl der Seelenteile sehr groß ist und durch die Sünden der Menschen sündige Seelenteile wiedergeboren werden.

Die lurianische Kabbala enthielt durch die Vorstellung, dass das Exil Israels mit dem Kommen des Messias beendet sei und dies nicht mehr lange dauern könne, auch Zündstoff für messianische Bewegungen: Sabbatai Zwi (1626–1677) aus Smyrna setzte dies in die Tat um, indem er sich selbst im Jahr 1666 zum Messias ausrief. Dies führte zu einer messianischen Begeisterungswelle im Judentum, und aus Furcht vor größeren Unruhen wurde Sabbatai Zwi von den Türken in Konstantinopel verhaftet und vor die Wahl gestellt: Todesstrafe oder Übertritt zum Islam. Sabbatai Zwi entschied sich für letzteres.

Darstellung der Emanation Gottes in der Welt durch die 10 Sefirot (v. Eckhartshausen, *Zahlenlehre der Natur*, Leipzig 1794).

Auch dieser Übertritt zum Islam wurde theologisch begründet: Der Messias müsse in die Tiefen der Sünde hinabsteigen, um dort die gefangenen göttlichen Lichtfunken zu befreien. Mit dem Ende des Sabbatianismus begann auch das Ende der Kabbala.

Schon sehr früh kam es zu einer Vulgarisierung der Kabbala unter Aufnahme magischer und anderer Elemente des Volksglaubens. Man konzentrierte sich dabei vor allem auf die Vorstellung von Seele und Seelenwanderung sowie auf die Praxis. Dieser Form der Kabbala ging es darum, mit magischen Praktiken auf Welt, Kosmos oder Gott einwirken zu können. Mit Buchstaben- und Zahlenspekulation sowie Gebet, letztlich mit Zauberei, versuchte man, zu seinen Gunsten Einfluss auszuüben. Es entstand eine entsprechende Zauberliteratur (u. a. *Das Buch der wahren Praktik in der göttlichen Magie* von Abraham von Worms).

In diesen Zusammenhang gehört die **Gematrie.** Sie deutet ein oder mehrere Worte nach dem den Buchstaben zugrundeliegenden Zahlenwert. Jedem der 22 Buchstaben des hebräischen Alphabets wird eine Zahl zugeordnet, so den ersten zehn Buchstaben die Zahlenwerte 1 – 10, den nächsten neun Buchstaben die Werte 20, 30, 40, 50, 60, 70, 80, 90 und 100 und den letzten drei Buchstaben die Zahlenwerte 200, 300 und 400. Durch die Bildung der Quersumme des Zahlenwertes eines oder mehrerer Worte kommt man dann zur Auslegung. Ursprünglich eine Methode der Exegese, wurde die Gematrie dann auch zu magischen Zwecken eingesetzt.

Die hebräischen Buchstaben und ihr Zahlenwert sind für Kabbala und Gematrie von besonderer Bedeutung (hier ein Grabstein des jüdischen Friedhofes in Bonn-Alfter).

Kabbala wird immer noch im Judentum praktiziert, aber nur von einer kleiner Minderheit. Sie hat den großen und entscheidenden Einfluss, den sie in der Geschichte der jüdischen Religion ausübte, heute eingebüßt. Die jüdische Kabbala fand in der Renaissance Aufnahme ins Christentum und führte zur Entstehung einer christlichen Kabbala (s. S. 54f.).

Als jüdische Mystik sind auch die Bewegungen des **Chassidismus** einzuordnen, die es im Frühjudentum in Palästina, im Mittelalter im deutschen Judentum und vom 18. Jh. bis Anfang 20. Jh. in Osteuropa gab. Historisch besteht zwischen ihnen keine konkrete Verbindungslinie, religionsphänomenologisch handelt es sich um spirituell-mystische Bewegungen, die vor allem eine richtige innere Haltung beim Gebet betonen.

Das Gebet spielt in der jüdischen Mystik eine wichtige Rolle (orthodoxe Juden an der Westmauer des Tempels, Jerusalem).

Alchemie und Hermetik:
Auf der Suche nach dem Stein der Weisen

Zur Etymologie des Wortes »Alchemie« gibt es keine eindeutige Erklärung, sicher ist nur, dass *al* der arabische Artikel (»der«/»die«) ist, wie bei dem Wort *Al*kohol, und damit auf den arabischen Ursprung verweist. »Chemie« stammt aus dem Griechischen (entweder von *chymos*, »Saft«, oder *chyma*, »Metallguss«). Inhalt der Alchemie ist einerseits wissenschaftlich-technisches, besonders chemisches Wissen, aber es geht ihr auch und vor allem um »höhere«, spirituelle Erkenntnis.

Entscheidende Einflüsse erfuhr die Alchemie von der Philosophie und dem chemischen und technischen Wissen der Antike sowie von der Mysterientradition. So entstand Alchemie als Teil der hermetischen Philosophie. Die Stadt Alexandria in Ägypten, *das* Zentrum der antiken Wissenschaft mit einer bedeutenden Bibliothek, dürfte ein wichtiger Sammel- bzw. Ausgangspunkt der Alchemie gewesen sein.

Hermes Trismegistos gilt der Legende nach als Erfinder der Alchemie. Als historische Person ist er nicht nachweisbar, vielleicht war er ein Hoherpriester. Jedenfalls verbanden die Alchemisten mit ihm den griechischen Gott Hermes (den Götterboten), der wiederum dem ägyptischen Gott Thot (dem Gott der Schreiber

Die ägyptische Hafenstadt Alexandria war ein wichtiger Knotenpunkt, der Ägypten, den Orient, Griechenland und Rom miteinander verband (hier die Ruinen der Bibliothek, Stich aus dem 19. Jh.), und auch Ausgangspunkt der Alchemie.

Hermes Trismegistos, der als Begründer der Hermetik gilt, mit dem Feuer, das die Gegensätze eint (D. Stolcius v. Stolcenberg, *Viridarium chymicum*, Frankfurt 1624).

und der Weisheit) gleichgesetzt wurde. Man sah ihn auch als Kulturbringer an, von dem die Menschheit die Heilkunst, die Schrift und die Schriftauslegung erhielt, ebenso galt er als Prophet und als Zeitgenosse des Mose. Das *Corpus Hermeticum*, eine Sammlung von 18 alchemistischen Texten aus den ersten Jahrhunderten n. Chr., wird ihm zugeschrieben. Tatsächlich stammt die Textsammlung von verschiedenen, anonymen Autoren. Der wichtigste Text daraus mit dem Titel *Poimandres* beschreibt die visionären Reisen des Hermes, durch die er dem göttlichen Geist begegnet und zu höherem Wissen gelangt. Der Text mit dem Titel *Asclepius* ist ein Dialog zwischen Hermes und seinem Schüler Asclepius (dem Gott der Heilkunst) über den Kosmos, übernatürliche Seelenkräfte und Magie.

Hermes gilt auch als Autor der sogenannten *Smaragdtafel*, eines der wichtigsten Texte der Alchemie, der ursprünglich auf einer Tafel aus Smaragd aufgeschrieben worden sein soll. Das Entstehungsdatum des Textes ist unbekannt, erstmals erwähnt wird er im 8. Jh. von arabischen Alchemisten. Wichtigstes Prinzip des Textes ist die Entsprechung von Makrokosmos (Oben) und Mikrokosmos (Unten), wie es in den ersten Punkten der Tafel heißt:

»In Wahrheit, gewiss und ohne Zweifel: Das Untere

Darstellung der Smaragdtafel, deren Text als Grundlage der Hermetik gilt (Heinrich Khunrath, *Amphitheatrum sapientiae aeternae*, Hannover 1606).

ist gleich dem Oberen und das Obere gleich dem Unteren, zu wirken die Wunder eines Dinges.

So wie alle Dinge aus einem und durch die Betrachtung eines einzigen hervorgegangen sind, so werden auch alle Dinge aus diesem Einen durch Abwandlung geboren« (zit. nach H. Gebelein, 2004, 29f.).

Der Text wurde sehr unterschiedlich interpretiert: die Deutungen reichen vom Orakelspruch bis zur Gebrauchsanleitung für die Herstellung von Schwefelsäure.

Die Alchemie wurde vom arabischen Raum über Spanien nach Europa tradiert. Viele Schriften der Alchemie sind verloren gegangen. Eine der ersten Schriften stammt von Zosismos aus dem 3. Jh. v. Chr. Bedeutende arabische Alchemisten waren vor allem Geber (721?–815, eigentlich Djabir Ibn Hajjan) und Avicenna (980–1037, eigentlich Abdallah ibn Sina).

In Europa beschäftigten sich so namhafte Persönlichkeiten wie Albertus Magnus, Roger Bacon, Nikolaus von Kues oder Isaac Newton mit der Alchemie. Der bekannteste Alchemist war wohl Paracelsus (1493–1541), geboren in Einsiedeln (Schweiz), gestorben in Salzburg. Sein Leben, über das es viele Legenden gibt, ist nicht nur durch viele Reisen, sondern auch durch zahlreiche Schriften gekennzeichnet. Er gilt als Reformator bzw. »Luther der Medizin« und er steht am Beginn der Trennung von Alchemie und Chemie. Seine besondere Aufmerksamkeit galt der Herstellung von Heilmitteln aus Mineralien, Metallen, Pflanzen, Tieren – von ihm »Spagyrik« genannt.

Die Blütezeit der Alchemie war das 17. und 18. Jh. In dieser Zeit förderten viele europäische Fürsten die Alchemie, in der Hoffnung, ihre Staatsfinanzen zu sanieren. Mit der Trennung von Alchemie und Chemie und der Entwicklung der Chemie als eigenständige, moderne Wissenschaft im 19. Jh. verlor die Alchemie dann ihre Bedeutung.

Das alchemistische Rad verdeutlicht das Zusammenwirken und die Entsprechung von Mikro- und Makrokosmos: in der Mitte der Siebenstern, eingerahmt vom Quadrat der vier Elemente Erde, Wasser, Feuer und Luft und schließlich den Tierkreiszeichen im äußersten Ring (Michael Maier, *Viatorium*, Oppenheim 1618).

Im Zentrum der Alchemie steht der Versuch, aus unedlen Metallen Gold herzustellen. In vielen Kulturen galt Gold als besonderes Metall, es wurde meist ausschließlich zur Herstellung von Schmuck und sakralen Kultgegenständen verwendet, nicht zuletzt, weil Gold für Werkzeuge oder Waffen nicht hart genug ist. Nach alchemistischer Vorstellung wird die Herstellung von Gold aus unedlen Metallen mit Hilfe des »Steines der Weisen«, eines roten Pulvers, ermöglicht und gilt als das »Große Werk«. Das »Große Werk« wird aber nicht nur im materiellen Sinne der Goldherstellung verstanden, sondern auch im übertragenen Sinne als spiritueller Weg mit dem Ziel der Rückführung zum Göttlichen oder göttlichen Ursprung. Dabei symbolisieren dann die chemisch-materiellen Prozesse der Transmutation die Läuterung und Vollendung der Persönlichkeit sowie den

Hermes Trismegistos beim Lösen und Binden von Mercurius und Sulfur, symbolisiert durch Adler und Kröte (D. Stolcius v. Stolcenberg, *Viridarium chymicum*, Frankfurt 1624).

Auf- und Abstieg der Seele. Die Labortätigkeit wird auch als Meditation über die Naturabläufe gesehen. Diese Spiritualisierung der chemischen Vorgänge veranlasste später C. G. Jung, die Alchemie als mentales Phänomen zu deuten, in dessen Mittelpunkt die Visionsbilder der Seele stehen (s. S. 155–158).

Neben diesem »Großen Werk« beschäftigte sich die Alchemie auch mit der Herstellung eines Lebenselixiers, das das Leben verlängern sollte, mit der Herstellung eines kleinen Menschen (*homunculus*) und der Wiedergeburt aus der eigenen Asche *(Palingenese)*.

In der bildenden Kunst interessierten sich vor allem Hieronymus Bosch, Pieter Breughel d. Ä., William Blake, Joseph Beuys, Yves Klein, Sigmar Polke, Rebecca Horn und Manfred Scharpf für Alchemie, in der Literatur sind William Shakespeare, Johann Wolfgang von Goethe, Novalis, William Blake, James Joyce, Gustav Meyrink und Werner Bergengruen, in der Musik ist Mozart zu nennen. Vor allem Goethes *Faust* zeigt deutlich die Faszination durch alchemistische Praktiken.

Templer und Rosenkreuzer: Legende und Wahrheit

Trotz der Mythen und Legenden, die sich um den **Orden der Templer**, einen der bedeutendsten Ritterorden des Mittelalters, ranken, hat dieser wirklich existiert. Die Templer wurden als geistlicher Orden 1119 von dem Franzosen Hugo von Payens gegründet. Aufgabe und Ziel des Templerordens war der Schutz christlicher Pilger vor den Sarazenen in Jerusalem. Der Name (*Fratres Militiae Templi*) bezieht sich auf ihren Hauptsitz neben dem ehemaligen jüdischen Tempel in Jerusalem. Die Mitglieder des Ordens mussten sich zu Gehorsam, Keuschheit, Armut und dem Kampf gegen Ungläubige verpflichten. Der Orden unterstand ab 1139 direkt dem Papst, war von allen Abgaben befreit. Erfolg in Landwirtschaft, Handel und Geldgeschäften brachten dem Orden Reichtum, der Neider auf den Plan rief, so vor allem den französischen König Philipp IV. Er forcierte die Aufhebung des Templerordens, die daraufhin 1311/12 durch Papst Clemens V. erfolgte.

Der Ort des ehemaligen jüdischen Tempels in Jerusalem war der Sitz des nach ihm benannten Templerordens (hier die heute noch erhaltene Westmauer des von Herodes erbauten Tempels, im Hintergrund der Felsendom, eine bedeutende islamische Moschee).

Natürlich musste man die Aufhebung des Ordens begründen; dies geschah mit den üblichen Vorwürfen, nämlich Häresie (Abfall vom rechten Glauben), Blasphemie (Gotteslästerung), Unzucht und Anbetung eines Götzen namens Baphomet (wahrscheinlich eine Verballhornung von »Mohammed«) in der Gestalt des Teufels. Was vielleicht an den Vorwürfen wahr ist, ist die Offenheit der Templer für Gnosis und islamische Mystik. Nicht wenige Freimaurerorden und dann auch die hermetischen Orden – vor allem der *Ordo Templi Orientalis* und der *Ordo Novi Templi* (»Neuer Templerorden«; s. S. 69)–beriefen sich auf den Templerorden.

Mit dem Orden der Templer verbunden sind die Legenden um den **Gral**, der auch in der modernen Esoterik ein beliebtes Thema ist. Der Gral (altfranzösisch, »Schale«) ist eine Schale mit besonderen Kräften, die ihrem Besitzer Glück und Segen bringt. Aber nur die dafür Auserwählten können den Gral finden. Die ältesten Fassungen der Gralslegende stammen aus Frankreich, von Chrétien de Troyes (um 1190) und Robert de Boron (um 1200). In dieser Tradition ist der Gral die Abendmahlsschüssel Christi, in der dann bei dessen Kreuzigung Josef von Arimatäa das Blut aus der Speerwunde auffing. Josef bringt die Schale, begleitet von seiner Schwester, ihrem Mann und anderen Getreuen, nach Avalon (in der Nähe des heutigen Glastonbury, England). Entsprechend ergaben sich Verbindungen zur Legende des Königs Artus und seiner Ritterrunde.

Die Legende von Artus und den Rittern seiner Tafelrunde ist eng mit der Legende vom Gral (in der Mitte der Tafel) verbunden (Manuskript-Illustration, um 1470).

Wolfram von Eschenbachs *Parzival* (um 1210) basiert auf der Dichtung von Chrétien de Troyes. Hier ist der Gral ein Stein mit lebensspendenden Kräften, der auf der – nur von Auserwählten zu findenden – Burg Munsalvaesche aufbewahrt wird. Oskar Ernst Bernhardt (1875–1941) begründete die bis heute existierende Gralsbewegung. Er nannte sich Abd-ru-shin, verstand sich selbst als Inkarnation Gottes bzw. als Menschensohn und verkündete in seinem – als heilig aufgefassten – Buch *Gralsbotschaft* eine christlich-esoterische Lehre über die Ausstrahlung der göttlichen Kraft in der ganzen Schöpfung.

Die Geschichte der **Rosenkreuzer**, einer Reformbewegung innerhalb des Protestantismus, begann mit einer Legende, die sich erfolgreich verbreitete: In der Rosenkreuzer-Schrift *Fama Fraternitatis* wird die Gründung des Ordens der Rosenkreuzer durch Christian Rosenkreuz erzählt. Dieser Christian Rosenkreuz habe im Orient geheimes Wissen erworben und habe – als er wieder in Deutschland war – acht Männer in dieses Wissen eingeweiht und den Orden der Rosenkreuzer gegründet.

In Wirklichkeit waren es aber Johann Valentin Andreae (1586–1654) und sein Anhängerkreis, die den Orden der Rosenkreuzer gründeten. Andreae war von Paracelsus beeinflusst und hatte seinerseits wiederum entscheidenden Einfluss auf den Pietismus. Die Rosenkreuzer-Ideen wurden durch drei Texte im Namen der fiktiven »Bruderschaft des hochlöblichen Ordens des R. C.« (Rosenkreuz) verbreitet: neben der *Fama Fraternitatis* die *Confessio Fraternitatis* sowie die *Chymische Hochzeit Christiani Rosenkreuz* aus den Jahren 1614–16. Nicht zuletzt wegen ihrer sozialreformerischer Tendenz, der Endzeiterwartung und der Verbindung von Religion und Naturwissenschaft in der Zeit zwischen Reformation und Dreißigjährigem Krieg fanden vor allem die ersten beiden Schriften ein enormes – sowohl zustimmendes als auch ablehnendes – Echo. Die späteren rosenkreuzerischen Schriften waren ohne große Bedeutung. Die Rosenkreuzervereinigung lässt sich seit den 1760er Jahren nachweisen. Die Bewegung der Rosenkreuzer war im 17. und 18. Jh. sehr populär und – vor Rudolf Steiner – ein Versuch der Verbindung von Christentum mit esoterischem Wissen.

Die heutigen Gruppen der Rosenkreuzer sind *AMORC* (*Antiquus Mysticus Ordo Rosae Crucis*, »Alter Mystischer Orden vom Rosenkreuz«), von H. Spencer Lewis 1916 gegründet und die größte Rosenkreuzer-Gemeinschaft, mit Hauptsitz in San José, Kalifornien; die *Internationale Rosenkreuzer-Gemeinschaft* (von Max Heindel alias Max von Grashoff gegründet) und die *Internationale Schule des Rosenkreuzes* (*Lectorium Rosicrucianum*), von Jan van Rijkenborgh gegründet.

Die Rosenkreuzer hatten nicht zuletzt Einfluss auf die Freimaurer, eine Bewegung, die im 18. Jh. entstand (1717 Gründung der ersten Großloge in London). Die Freimaurer sind eine durch Geheimhaltung gekennzeichnete Gesellschaft, die sich auf die mittelalterlichen Traditionen der Maurerzünfte beruft. Betont wird das Humanitätsideal (ethische Vervollkommnung, Brüderlichkeit). Es gibt keine direkte Verbindung zur Esoterik, und die heutige Freimaurerei versteht sich nicht als esoterisch.

Christian Rosenkreuz, der Legende nach der Stifter der Rosenkreuzer, erhält durch einen Engel eine Einladung zu einer mystischen Hochzeit, zu der er aufbricht, bekleidet mit einem weißen Gewand und einem rotem Band kreuzweise darüber sowie einem Hut mit vier roten Rosen. (Johann Valentin Andreä, *Die Alchimische Hochzeit von Christian Rosenkreuz*, 1616, hg. von J. van Rijckenborgh 1967).

Mystik in den ostasiatischen Religionen

Mystik ist ein religiöses Phänomen, konkret die Erfahrung der Einheit des individuellen Selbst mit dem Göttlichen oder Transzendenten. Der Reli-

Auch für die Rosenkreuzer war alles, von Gott oben bis zur Materie unten sowie vom Anfang bis zum Ende der Zeit, miteinander verbunden (*Geheime Figuren der Rosenkreuzer*, Altona 1785).

gionswissenschaftler Gustav Mensching unterschied zwischen zwei Grundtypen von Religion, dem prophetischen und dem mystischen Typus, und charakterisiert diese so: Judentum, Christentum und Islam tendieren zum prophetischen Typus von Religion, Hinduismus und Buddhismus entsprechen dem mystischen Typus.

Der prophetische Typus ist gekennzeichnet durch die Vorstellung eines personalen Gottes, eines Gottes des Willens und der Tat, und die Berufung bzw. das In-Dienst-Gestelltwerden durch diesen Gott (oft gegen den eigenen Willen). Weitere Merkmale sind Frömmigkeit, Aktivität und der Glaube an den einen Gott, der alle anderen Gottheiten ausschließt. Dementsprechend sind prophetische Religionen intolerant. Allerdings sind sie auch sozial und altruistisch, da sie auf die Gemeinschaft und auf den Mitmenschen bezogen sind. Prophetische Religionen sind deshalb auch missionierend, da sie andere von ihrem Heilsangebot überzeugen wollen.

Die Gottesvorstellung des mystischen Typus ist das impersonale Eine, ein ruhendes Sein und daher eher als das Göttliche (und nicht als Gott) zu bezeichnen. Fremde Gottheiten werden nicht unbedingt ausgeschlossen, da man sie als verschiedene Bezeichnungen und Erscheinungen ein und desselben Göttlichen ansieht. Weitere Charakteristika der Mystik sind Individualität und Passivität. Sie ist dementsprechend asozial, denn der Mystiker bevorzugt den individualistischen, passiven Weg des Einsiedlers zur Gotteserfahrung. So sind mystische Religionen prinzipiell auch keine missionierenden Religionen. Die Mystik lehnt die diesseitige Welt ab und sieht in ihr eine Fessel und ein Hindernis im Kontakt mit dem Göttlichen. Höhepunkt des mystischen Erlebnisses ist die *Unio Mystica,* die Vereinigung und Einheit des individuellen Selbst mit dem Göttlichen.

Dies ist natürlich eine idealtypische Darstellung. Entsprechend sind Judentum, Christentum und Islam nicht hundertprozentig prophetische Religionen: Es gibt auch mystische Traditionen innerhalb dieser Religionen. Aber die Mystik etwa im Christentum ist eher als Rand- und Ausnahmeerscheinung einzustufen, die kirchlicherseits nie vollständig akzeptiert wurde.

Die Esoterik hingegen entspricht dem mystischen Typus, wie Mensching ihn beschreibt, vor allem im Hinblick auf das ganzheitliche Denken und die Idee der Einheit des individuellen Selbst mit dem Göttlichen. Ein Unterschied besteht aber darin, dass die Esoterik die diesseitige Welt nicht ablehnt und als Hindernis der Gotteserfahrung sieht, sondern sie bezieht die Welt als Erscheinung des Göttlichen mit in die Gotteserfahrung ein. Trotzdem hat die Esoterik nicht unwesentliche Traditionselemente der mystischen Religionen des Hinduismus und Buddhismus aufgegriffen und übernommen.

Die Geschichte des **Hinduismus** lässt sich in drei Perioden unterteilen: die vedische, die klassische und die jüngere/moderne Periode. In der vedischen Zeit (von *veda,* »Wissen«), etwa 1500 bis 500 v. Chr., entstanden zuerst die vedischen Schriften oder Veden, von denen die *Rigveda* und *Upanishaden* die bekanntesten und bis heute für den Hinduismus maßgebend sind. Während das *Rigveda* sich vorwiegend mit Opferritualen beschäftigt, tauchen in den mystisch-esoterischen *Upanishaden* (zwischen 800 und 500 v. Chr.) bereits die Ideen des *brahman,* des unpersönlichen, absoluten Göttlichen, und des diesem entsprechenden *atman,* der menschlichen Seele, sowie die Karma-Lehre auf. *Brahman,* das Absolute, die Weltseele, ist identisch mit *atman,* der individuellen Seele des Menschen. Aber die menschliche Seele hat sich an die Materie gebunden und ist sich ihres Ursprunges im Absoluten nicht

Die Grundkräfte des Menschen nach hinduistischer Vorstellung: »Das Selbst (*atman*, der göttliche Wesenskern) ist der Wagenbesitzer, der Leib ist der Wagen, intuitives Unterscheiden und Erkennen ist der Wagenlenker; die Denkfunktion ist der Zügel; die Sinneskräfte sind die Rosse; und die Objekte oder Bereiche der Sinneswahrnehmung sind die Fahrbahn. Der Mensch, in dem sich das Selbst, die Sinnes- und die Denkkräfte zusammenfügen, wird der Esser oder der Genießer genannt« (zit. aus *Katha Upanishad*, 8.–6. Jh. v. Chr., übersetzt von H. Zimmer 1961).

mehr bewusst. Die Befreiung von der Bindung an die Materie und den Begierden erlangt der Mensch durch die Erkenntnis des *brahman* und seiner selbst und durch die Vereinigung mit dem *brahman*. Diese Befreiung bedeutet Erlösung (*moksha*).

In der klassischen Periode des Hinduismus (500 v. Chr. – 1000 n. Chr.) entwickeln sich die verschiedenen Lehr- und Heilssysteme. Als wichtigste Schrift dieser Zeit ist das Epos *Mahabharata* zu nennen, dessen bekanntester Teil die *Bhagavadgita* (»Gesang des Erhabenen«) ist. In der *Bhagavadgita* unterweist Krishna (Verkörperung des Gottes Vishnu) den vor einem Kampf stehenden Prinzen Arjuna in seinem *dharma*, seiner Aufgabe, und offenbart die später für den Hinduismus so bedeutsame Lehre von der liebenden Hingabe an Gott (*bhakti*). Die Schriften der *Puranas* (»Uralten«) enthalten Mythen von der Schöpfung und den Göttern. Dabei treten die drei Götter Brahma (Schöpfer der Welt), Vishnu (Bewahrer und Herr der Welt) und Shiva (Zerstörer der Welt) in den Vordergrund, die bis heute die bekanntesten hinduistischen Götter sind.

Von den sechs Lehrsystemen (*darsanas*) sind im Zusammenhang mit der Esoterik folgende von Interesse: die *Samkhya*-Schule (Schule »des genauen Abwägens«) lehrt einen Dualismus von Urmaterie, aus der die Welt entstanden ist, und (menschlicher) Seele. Die Seele hat sich – aufgrund ihrer Unwissenheit – mit der Urmaterie verbunden und muss sich davon wieder befreien. Die *Vedanta*-Schule (»Ende der Veden«, im Sinne der Fortführung der Veden) lehrt, wie das *atman* als Teil des *brahman* sich durch die Befreiung vom Kreislauf der Wiedergeburten mit diesem wieder vereinigt. *Shankara* (um 800 n. Chr.) und seine Schule vertraten eine Lehre der Einheit bzw. »Nicht-Zweiheit« in dem Sinne, dass alle Vielfalt (oder »Zweiheit«) der Welt Schein und Illusion ist.

Shiva und Shakti als Einheit von Mann und Frau in einer modernen indischen Darstellung.

Ab 500 n. Chr. entwickeln sich zwei miteinander verbundene Bewegungen, der Tantrismus und der Shaktismus. Ziel des Tantrismus (von *tantra*, »Gewebe«, »System«) ist die Aufhebung der Gegensätze (männlich – weiblich, Geist – Materie). Vor allem durch magisch-rituelle Praktiken versucht man eine Einheit mit dem Absoluten zu erreichen. Der Körper gilt als Mikrokosmos, der mit dem Makrokosmos des Universums identisch ist. Das Göttliche ist überall, auch im Kleinsten, enthalten, und so werden alle Erscheinungen als Symbole des Göttlichen verstanden. Besonders die sexuelle Kraft, *kundalini* (»Schlangenkraft«), sowie die (reale oder bildliche) sexuelle Vereinigung gelten als Symbol der Überwindung der Gegensätze und der absoluten, göttlichen Einheit. Es gibt verschiedene Ausrichtungen bzw. Schulen des Tantrismus mit unterschiedlichen Akzenten. Durch geheime Riten, in die ein Uneingeweihter nur durch Unterweisung eines Gurus eingeführt werden kann, soll durch Beherrschung und Aktivierung von Körper und Geist die Einheit mit dem Göttlichen und somit die Befreiung erreicht werden.

Im Mittelpunkt des Shaktismus (von *shakti*, »Kraft«) steht der weibliche Aspekt des Göttlichen bzw. dessen Schöpfungskraft. Als personale Gottheit ist Shakti die Frau des Gottes Shiva und Muttergottheit. Die Vereinigung von Shiva und Shakti gilt nicht nur als Vereinigung der Geschlechter und Gegensätze, sondern auch als die absolute Einheit schlechthin.

Sexuelle Vereinigung gilt dem Tantrismus als Symbol der absoluten Einheit (Lakshmana-Tempel in Khajuraho).

Der **Buddhismus** geht auf einen historischen Stifter zurück. *Buddha* ist ein religiöser Ehrentitel (»der Erwachte«, »der Erleuchtete«). Der Stifter, nach dem die Religion benannt ist, stammte aus dem indischen Adelsgeschlecht der Shakya (daher auch der Name *Shakyamuni*, »der Weise aus dem Geschlecht der Shakya«), sein Vorname war Siddharta, sein Familienname Gotama. Seine Lebensdaten werden üblicherweise meist immer noch mit 560 v. Chr. bis 480 v. Chr. angegeben, obwohl 450–370 v. Chr. nach heutiger Erkenntnis wahrscheinlicher ist. Geboren wurde er in Kapilavastu (heute Terai in Nepal), als Buddha wirkte er in Nordindien. Er war verheiratet, aber als er 29 Jahre alt war, kurz nach der Geburt seines Sohnes Rahula, zog er »aus der Heimat in die Heimatlosigkeit«. Die Legende berichtet von vier Ausfahrten aus dem Palast, bei denen er dem Leiden in der Welt in Gestalt eines alten Mannes, eines Kranken und eines Toten begegnete. Bei der vierten Ausfahrt traf er auf einen Bettelmönch, der ihn zur Nachahmung veranlasste. Siddharta versuchte nun ein Leben in Askese, kam nach sieben Jahren dann aber zur Erkenntnis, das der »mittlere Weg« der Meditation – ohne Extreme – geeigneter sei, und praktizierte ihn von nun an. So gelangte er während einer Meditation unter einem Feigenbaum (*bodhi*-Baum) zur Erleuchtung. Fortan zog Buddha durch Nordindien, predigte seine Lehre, den *dharma*, und gründete eine Jünger- bzw. Ordensgemeinschaft.

Buddha im Meditationssitz (Darstellung des Guptareiches, 5. Jh.).

Der Buddhismus entwickelte sich aus dem Hinduismus. Buddha lehnte aber im Unterschied dazu das Kastensystem und die privilegierte Stellung der Brahmanen ab. Die Existenz der Götter leugnet der Buddhismus nicht, aber sie spielen keine besondere Rolle. Buddhas Lehre besteht aus den »vier edlen Wahrheiten« über die Leidens- und Unheilssituation, in der sich der Mensch befindet, und dem »achtteiligen Pfad« der Befreiung von diesem Leiden. Die vier edlen Wahrheiten lauten:

»Dies, ihr Mönche, ist die edle Wahrheit vom Leiden: Geburt ist Leiden, Alter ist Leiden, Krankheit ist Leiden, mit Unlieben vereint sein ist Leiden, von Lieben getrennt sein ist Leiden, nicht erlangen, was man begehrt ist Leiden (...)

Dies ihr Mönche, ist die edle Wahrheit von der Entstehung des Leidens: Es ist der Durst, der zur Wiedergeburt führt, samt Freude und Begierde (...)

Dies, ihr Mönche, ist die edle Wahrheit von der Aufhebung des Leidens: die Aufhebung dieses Durstes durch restlose Vernichtung des Begehrens, ihn fahren lassen, sich seiner entäußern, sich von ihm lösen (...)

Dies, ihr Mönche ist die edle Wahrheit vom Wege zur Aufhebung des Leidens: es ist dieser edle achtteilige Pfad, der da heißt: rechte Anschauung, rechte Gesinnung, rechtes Reden, rechtes Handeln, rechtes Leben, rechtes Streben, rechtes Gedenken, rechtes Sich-Versenken.« (aus *Mahavagga, I*).

Das Rad der Lehre, Symbol des Buddhismus (Thailand, 7.–8. Jh.).

Das Weltgeschehen wird für die Buddhisten durch die fünf Gruppen von Daseinsfaktoren (*dharmas*) geprägt: Körperliches, Empfindungen, Unterscheidungen, Triebkräfte und Bewusstsein. Aus den *dharmas* setzen sich alle Erscheinungen der Welt, wie Steine, Pflanzen, Tiere und auch der Mensch, zusammen. Diese Daseinsfaktoren gilt es zu überwinden, um das *nirvana* (»Verwehen«) zu erlangen, einen Zustand der Leere, des Erlöschens des Lebenstriebes und das Ende der Wiedergeburten. Von allen Lebewesen ist nur der Mensch zur Erleuchtung und damit zur Erlösung fähig. Selbst die Gottheiten müssen erst als Menschen wiedergeboren werden, um zur Erlösung zu gelangen. Buddha betonte, dass diese Lehre – und nicht seine Person – das Wichtigste sei.

Der Buddhismus kennt drei Hauptrichtungen: den Hinayana-Buddhismus (von *hinayana*, »kleines Fahrzeug«), den Mahayana-Buddhismus (von *mahayana*, »großes Fahrzeug«) und den tibetischen Vajrayana-Buddhismus (von *vajrayana*, »Diamantfahrzeug«). Der Hinayana-Buddhismus ist durch das Mönchtum und den *arhat* (»Heiliger«) als Ideal geprägt, das heißt, er ist ein Heilsweg für wenige Auserwählte, der dem ursprünglichen Buddhismus am nächsten kommt. Der Mahayana-Buddhismus entwickelte sich als ein Heilsangebot nicht nur für wenige, sondern für viele Menschen (daher der Name und so auch das Selbstverständnis). Nicht der *arhat*, sondern der *boddhisattva* steht im Mittelpunkt. Der *boddhisattva*, jemand, der auf dem Weg ist, ein Buddha zu werden, verzichtet freiwillig darauf, in diesem Leben ein Buddha zu werden, um anderen zu helfen, das Nirvana zu erlangen. Vor allem in China und Japan entstanden verschiedene Schulen des Mahayana, etwa der Amida-Buddhismus, in dessen Mittelpunkt die Verehrung des Buddha Amithaba steht. Den Zen-Buddhismus in Japan prägen vor allem die Soto-Schule, in deren Mittelpunkt das *zazen* (»das reine Sitzen«) steht, und die Rinzai-Schule, die durch die Koan-Übungen bekannt ist. Ein *koan* (»öffentliche Bekanntmachung«) ist ein meist paradox oder unlogisch erscheinender Spruch bzw. Denkaufgabe des Zen-Meisters (*roshi*), worüber der Schüler meditieren soll. Eine dritte, von Harada

Das Oberhaupt des tibetischen Buddhismus ist der Dalai Lama. Der heutige, 14. Dalai Lama mit Namen Tenzin Gyatso (geb. 1935) musste 1959 aus seinem Palast in Lhasa (Tibet) nach Indien fliehen. Er selbst versteht sich als buddhistischer Mönch. Er erhielt 1989 den Friedensnobelpreis.

Beispiel eines Mandalas, unter Leitung des 14. Dalai Lama geschaffen und wieder zerstört.

Wiedergeburt

Ob die Idee der Wiedergeburt (oder Seelenwanderung) in Europa von Indien übernommen wurde oder ein universales Phänomen ist, ist nicht eindeutig geklärt. Auf jeden Fall ist die Wiedergeburtslehre ein wesentlicher Bestandteil indischen (und tibetischen) Denkens. Die indische Vorstellung der Wiedergeburt ist geprägt durch die Idee des Samsara und des Karma. *Samsara* (Sanskrit, »Durchlaufen«, »Umherwandern«, der Kreislauf der Wiedergeburten) bezeichnet den gesamten Zusammenhang von Wiedergeburt und Karma bzw. Tatvergeltung. Man spricht auch vom »Rad« der Wiedergeburten, nach dem Bild eines kreisenden Schöpfrades. *Karma* (Sanskrit, »Tat«, »Handlung«, »Werk«) ist die Vergeltung (Belohnung oder Bestrafung) von Taten, Worten und Gedanken eines früheren Lebens in späteren Existenzen. Karma funktioniert nach dem Gesetz von Ursache und Wirkung: jede Tat hat eine Wirkung zur Folge, jeder ist selbst verantwortlich für seine Taten und kann den Folgen seiner Taten – nach dem Prinzip der ausgleichenden Gerechtigkeit – nicht entgehen. Alle Lebewesen, Pflanzen, Tiere und Menschen und auch die Gottheiten sind dem Samsara unterworfen. Samsara, der Zustand der Wiedergeburten, bedeutet Leiden, Unfreiheit und Selbstentfremdung. Ziel ist die Erlösung oder vollkommene Befreiung (*moksha* im Hinduismus, *nirvana* im Buddhismus) vom Kreislauf der Wiedergeburten. Während sich nach hinduistischer Vorstellung das *atman*, das Selbst bzw. die Seele des Menschen, mit dem Göttlichen vereinigt, lehnt der Buddhismus die Vorstellung des individuellen Selbst ab.

Mit dem Konzept von Samsara und Karma lassen sich Zustände und Ereignisse und generell die Unvollkommenheit menschlichen Lebens erklären und rechtfertigen (auch die alte Frage, warum das Böse und das Leid in der Welt existieren). Der Terminus »Wiedergeburt« (das Sanskritwort dafür, *punarjanma*, wird selten gebraucht) ist umfassender und neutraler als die in der westlichen Terminologie häufig verwendeten Begriffe »Seelenwanderung«, »Wiederverkörperung« oder »Reinkarnation«.

Sogaku gegründete Schule versucht diese beiden Zen-Richtungen zu verbinden.

Der Vajrayana-Buddhismus, auch Lamaismus, tantrischer oder tibetischer Buddhismus genannt, ist heute durch die Präsenz des Dalai Lama im Westen am bekanntesten. Ein *lama* (»Höherstehender«) ist ein spiritueller Meister, dessen Hauptaufgaben die Lehre und Initiation ist. Magische und schamanistische Praktiken aus vorbuddhistischer Zeit spielen ebenso eine besondere Rolle wie die Mantras, spirituelle Sprüche wie das bekannte *om mani padme hum* (»*Om*, Juwel im Lotus«) und die Mandalas.

Aufgrund der mystischen Grundeinstellung geht man im Hinduismus und Buddhismus von einem Zusammenhang alles Seienden aus. Dementsprechend ist der Unterschied zwischen Mensch und anderen

Zyklus der Wiedergeburten

Das Symbol für Yin (weibliches Prinzip, schwarz) und Yang (männliches Prinzip, weiß).

Lebewesen nur ein gradueller, kein trennender, wesenhafter Unterschied – die Grenzen sind fließend. Durch das Zusammenspiel von *samsara* (Wiedergeburt) und *karma* (Tat) ergibt sich nicht nur eine Verbundenheit und Gemeinsamkeit, sondern auch eine Verwandtschaft aller Lebewesen. Aus der Verwandtschaft alles Seienden ergibt sich das als *ahimsa* bekannte Gebot des »Nicht-Verletzens« bzw. Nichttötens von Lebewesen, auch nicht zum Zweck der Ernährung.

Wichtige Einflüsse für die Esoterik kommen auch aus China. Zu nennen sind Taoismus, Konfuzianismus und die **Yin-Yang-Lehre.** Die Yin-Yang-Lehre lässt sich in China bis in die Mitte des 1. Jt. v. Chr. zurückverfolgen. Grundlage ist die Vorstellung, dass sich jedem Ding und Phänomen ein Gegenteil zuordnen lässt, mit dem es dann wiederum eine Einheit bildet. Die beiden Grundgegensätze, die gleichzeitig eine Einheit bilden und denen alles andere zugeordnet ist, sind Yin und Yang, abgeleitet von der schattigen und der sonnenbeschienenen Seite eines Hügels. Dem Yin als weiblichem, statischem, dunklem, innerem, negativem und gebärendem Prinzip werden Erde, Nacht, Mond und Wasser, dem Yang als männlichem, dynamischem, hellem, äußerem, positivem und befruchtendem Prinzip werden Himmel, Tag, Sonne und Feuer zugeordnet. Die Yin-Yang-Lehre entwickelte sich zu einer Philosophie und ist als solche Grundlage des *I Ging* und der chinesischen Medizin.

Esoterik und ostasiatische Religionen

Die Esoterik stimmt in wesentlichen Punkten mit den ostasiatischen Religionen überein. Wie diese ist sie geprägt durch:

- die Vorstellung der Selbsterlösung
- eine ganzheitliche Auffassung der Welt,
- eine monistische Vorstellung des Göttlichen als allumfassendes, unpersönliches Lebensprinzip im Unterschied zu einer personalen Gottesvorstellung,
- die Vorstellung Vereinigung des Selbst mit dem Göttlichen (in Esoterik und Hinduismus),
- die Idee der Wiedergeburt (die in der Esoterik allerdings meist positiv als Möglichkeit der Vervollkommnung gedeutet wird) und
- praktische Methoden zur Erlangung eines bestimmten Bewusstseinszustandes bzw. der Erlösung (vor allem Meditation und Yoga).

(s. S. 106–110)

Paracelsus, eigentlich Theophrastus Bombastus von Hohenheim (Gemälde von Jan van Scorel, 1495–1562, Musée du Louvre, Paris).

Von der Renaissance bis zur Romantik

Die Renaissance ist die Zeit des Beginns der modernen Naturwissenschaften. Diese, und weniger die damaligen esoterischen Strömungen, provozierten den Widerstand der Kirche. Viele Wissenschaftler, aber auch Philosophen und Künstler beschäftigten sich mit Alchemie, Hermetik oder Kabbala.

Im 15. und 16. Jh. entstanden Vorstellungen und Ideen, die durch Alchemie, Kabbala, Astrologie, christliche Theologie und Mystik sowie Naturwissenschaften geprägt waren und als deren Vertreter vor allem Paracelsus, Agrippa von Nettesheim, John Dee und Jakob Böhme gelten. Zumal Agrippa von Nettesheim (eigentlich Heinrich Cornelius, 1486–1535; *Occulta Philosophia*, »Drei Bücher über die okkulte Philosophie«) und Paracelsus (eigentlich Theophrastus Bombastus von Hohenheim, 1493–1541; *Großes Werk*) versuchten, Naturwissenschaft und Hermetik miteinander zu verbinden. Beide vertreten die neuplatonische Dreiteilung des Kosmos in eine elementare, eine himmlische und eine göttliche Sphäre sowie die Entsprechung von Mikro- und Makrokosmos. Bei Agrippa von Nettesheim spielt die Magie eine besondere Rolle, bei Paracelsus die Astrologie. So findet sich bei Paracelsus die Idee des Astralleibes des Menschen, durch den der Mensch mit den Planeten in Verbindung steht und die Kräfte der Planeten im Menschen wirken. Gerade Paracelsus ist ein Paradebeispiel für die Verbindung von Theologie, Alchemie und Naturwissenschaft. Er gilt auch als Begründer der modernen Medizin und als Vorbild der Faust-Gestalt.

Im 15. Jh. wurde das *Corpus Hermeticum* wiederentdeckt und von Marsilio Ficino ins Lateinische übersetzt. Von 1550 bis 1800 ist auch die Zeit der christlichen Kabbala anzusetzen, in der kabbalistische Werke wiederentdeckt, ins Lateinische übersetzt und auch neu verfasst wurden. Vertreter sind vor allem Pico della Mirandola (1463–1494), Johannes Reuchlin (1455–1522; *Das wundertätige Wort, Die Kunst der Kabbala*), Johannes Trithemius (eigentlich Johann Heidenberg, geboren in Trittenheim, 1462–1516) und Jakob Böhme (1575–1624). Der Ort Sulzbach in Bayern entwickelte sich zu einem Zentrum des esoterischen und kabbalistischen Interesses unter dem Pfalzgrafen Christian August von Sulzbach. Hier übersetzte Christian Knorr von Rosenroth (1636–1689) eine Auswahl wichtiger Texte der jüdischen Kabbala ins Lateinische (*Cabbala Denudata,* »Die entschleierte Kabbala«, 1677) und machte so die jüdische Kabbala im Christentum populär.

Vom 16. bis zum 18. Jh. entwickelten sich zudem im Protestantismus theosophische Vorstellungen, als deren Vertreter vor allem Paracelsus, Jacob Böhme, Emanuel Swedenborg, Friedrich Christoph Oetinger und die Rosenkreuzer zu nennen sind. Jakob Böhme, ein Schuhmacher aus Görlitz, entwickelte seine Lehre nach einer Vision von »Gottes Licht« in den Werken *Morgenröte im Aufgang, Beschreibung der drei Prinzipien göttlichen Wesens,* den *Theosophischen Sendbriefen* und im *Weg zu Christo.* Die materielle Welt entsteht durch den Fall von Luzifer aus dem himmlischen Bereich. Nach der Wiedergeburt von Gott und Mensch und nach dem Kampf zwischen Gott und Mensch erfolgt die Erlösung des Menschen durch die Gnade Gottes, wobei der Mensch zum absoluten Wissen gelangt. Bei Böhmes Lehre sind Einflüsse der christlichen Mystik (Eckhart, Tauler), der Alchemie und der Kabbala festzustellen. Seine Idee, dass das Göttliche sich in der Natur offenbart, hatte später auch Einfluss auf die Romantiker.

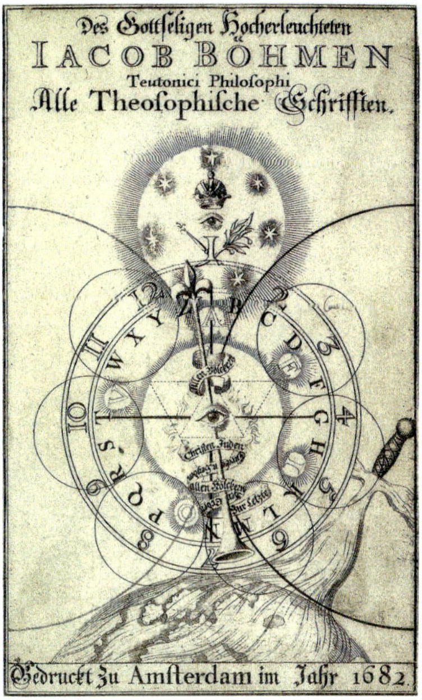

Jakob Böhmes *Theosophische Schriften.*

Emanuel Swedenborg (1688–1772), Sohn eines evangelischen Bischofs aus Schweden, hatte Visionen, so 1744 eine Christusvision, die ihn veranlassten, sich der christlichen Religion und der spirituellen Erkenntnis zuzuwenden. Nach seiner vor allem in den mehrbändigen *Geheimnissen des Himmels* dargelegten Lehre gelangt der Mensch bzw. seine Seele erst nach dem Tod zum eigentlichen, bewussten Sein. Die Lehren Swedenborgs wurden in der 1787 gegründeten und bis heute in den USA existierenden *New Church* aufgenommen.

Auch John Dee (1527–1608) aus England interessierte sich als Naturwissenschaftler für Alchemie, Theologie, Magie und Kabbala. Bekannt wurden seine Engelgespräche von 1581 bis 1586 und 1607, die er mit Hilfe eines Kristalles (*showstone*) und eines Mediums (*scryer*) führte und in den *Engeltagebüchern* aufschrieb. Durch diese Engelgespräche erfuhr Dee Offenbarungen über die Geheimnisse der Natur und das Ende der Welt, und er lernte die henochische Sprache, die Sprache der Engel. »Nebenbei« war John Dee auch als Spion für die englische Königin Elisabeth I. tätig und signierte lange vor James Bond mit »007«.

Nikolaus Kopernikus, Johannes Kepler, Galileo Galilei und Isaac Newton, die als Begründer der modernen Naturwissenschaft gelten, waren gleichzeitig Anhänger der Astrologie und verbanden ihre naturwissenschaftliche Tätigkeit mit esoterischem Interesse. Selbst Immanuel Kant war in seiner Jugend ein Anhänger der Seelenwanderungslehre. Franz Anton Mesmer und Johann Wolfgang Goethe sind Beispiele für Naturforscher, die eine holistische bzw. pantheistische Sichtweise vertraten. Nach der Vorstellung des Pantheismus sind Natur und Kosmos Teil des Göttlichen.

Die Romantiker wie Novalis verstanden die Natur als Offenbarung des Göttlichen. Schon für Leibniz und später für Schelling war die Natur ein großer Organismus. Vor allem der Einfluss der Naturphilosophie Friedrich Wilhelm Joseph Schellings (1775–1854), dargelegt etwa im *Ersten Entwurf eines Systems der Naturphilosophie*, wirkt bis heute in Tiefenökologie und biozentrischer

Ethik nach (s. S. 159). Gegen die mechanistische Sicht von Welt und Natur in der Nachfolge von Descartes entwickelten sich ganzheitliche, pantheistische und vitalistische Vorstellungen, die bis ins 20. Jh. nachwirkten.

Helena Blavatsky und die Theosophie

Helena Petrowna Blavatsky (1831–1891), wurde in Russland geboren, war verheiratet mit einem russischen Fürsten, den sie aber bald verließ. Sie kämpfte auf der Seite des italienischen Revolutionärs Garibaldi, war als Medium tätig und unternahm seit 1851 Weltreisen (u. a. 1878 nach Indien), die sich aber nicht mehr genau rekonstruieren lassen. Nach Blavatskys eigenen Angaben empfing sie ihre Erkenntnisse, die sie später in ihren Büchern niederlegte, durch die Unterweisung von höheren Wesen in Tibet, die sie »Mahatmas« nannte. Von diesen war »Djwal Khul« der wichtigste. 1873 ließ sie sich in New York nieder, wo sie 1875 mit Henry Steel Olcott (1832–1907) die Theosophische Gesellschaft (*Theosophical Society*) gründete. Ihre »Lehre« legte sie in ihren beiden Hauptwerken (*Isis entschleiert. Ein Meisterschlüssel zu den Geheimnissen alter und neuer Wissenschaft*, 1877, und *Die Geheimlehre. Die Synthese von Wissenschaft, Religion und Philosophie*, 1888) dar. Grundlage dieser Lehre sind die oben genannten tibetischen Meister sowie das – nur ihr bekannte bzw. von ihr verfasste – »Buch des Dzyan«. Blavatsky versteht ihre *Geheimlehre* letztlich als Erklärung und Kommentierung dieses »Buches des Dzyan«, in dem das geheime Wissen der Vergangenheit enthalten ist. Inhalt der *Geheimlehre* ist die Geschichte der Menschheit und des menschlichen Bewusstseins, wie sie sich im Wissen früherer Epochen bereits manifestiert hat. Besonders in den USA und Großbritannien war die Theosophie aktiv und erfolgreich. 1882 wurde die Zentrale der Theosophischen Gesellschaft von New York nach Madras in Indien verlegt.

Die Theosophie kann als Gegenentwicklung zu der materialistisch-technischen Weltanschauung des 19. Jh. gesehen werden und als Versuch, dieser eine ganzheitliche, spirituelle Sicht der Welt entgegenzusetzen.

Helena Petrowna Blavatsky (1831–1891), Gründerin der Theosophischen Gesellschaft, und Henry Steel Olcott (1832–1907), der Mitbegründer.

Grundlagen der Theosophie Blavatskys, auf die sich diese auch expressis verbis bezieht, sind die ägyptische, die sumerisch-babylonische, die altindische und die buddhistische Religion, Gnosis und Kabbala. Hinzu kommen Einflüsse von Jakob Böhme und Emanuel Swedenborg.

Blavatsky beansprucht für ihre Schriften, dass sie »die esoterischen Werke der ganzen Welt seit dem Anfange unserer Menschheit« umfassen (*Die Geheimlehre*). Denn »die Geheimlehre war die allgemein verbreitete Religion der prähistorischen und alten Welt« (ebd.). Blavatsky betont in der *Geheimlehre* die Einheit allen Seins. Alles Sein ist identisch mit dem Absoluten. Der Mensch als Mikrokosmos entspricht dem himmlischen Makrokosmos, das Kleine ist wie das Große, das Innere wie das Äußere, das Oben wie das Unten. Blavatsky lehnt den Glauben an einen persönlichen Gott (wie im Judentum oder Christentum) ab und befürwortet stattdessen die Vorstellung von dem unpersönlichen Göttlichen, das als das »Absolute«, als der »Logos«, als »kosmische Ideation« und »universale Weltseele« differenziert und wirksam ist.

Ferner behauptet die *Geheimlehre*: »Die Ewigkeit des Weltalls *in toto* als einer grenzenlosen Ebene, die periodisch ›der Spielplatz‹ ist von zahllosen unaufhörlich erscheinenden und verschwindenden Universen, den sogenannten ›manifestierenden Sternen‹ und ›den Funken der Ewigkeit‹.« Das Weltall ist letztlich »die periodische Offenbarung« des Göttlichen oder Absoluten. Daher ist alles im Weltall bis zum kleinsten Atom belebt und mit Bewusstein erfüllt, auch ein Stein. Ferner betont Blavatsky in ihrer Geheimlehre die Einheit aller Seelen mit dem Absoluten. Verbunden damit ist die Vorstellung der Wiedergeburt entsprechend dem Karma-Gesetz. Dabei wird jedoch die eher pessimistische indische Wiedergeburtslehre positiv als eine Möglichkeit zur Vervollkommnung umgedeutet. Die Deutung des Kosmos als »Spielplatz« eines göttlichen Dramas ist das, was auch für den heutigen Leser der »Geheimlehre« interessant und faszinierend wirkt. Weniger

Das theosophische Konzept von H. P. Blavatsky ist geprägt von der Vorstellung der Aufeinanderfolge mehrerer Zeitalter und Welten, hier eine Darstellung der Weltauf- und -untergänge mit christlich-nordischen Motiven von der Theosophin Katherine Tingley (aus *The Theosophical Path*, hg. von Katherine Tingley, Point Loma, California 1926).

ansprechend ist heute dagegen die Theorie über die Entstehung und Entwicklung diverser Kontinente (das »heilige Land«, der »hyperboräische Kontinent«, d. i. Nordasien, Lemurien, d. i. Afrika, Atlantis und Europa) und Menschenrassen, wobei Blavatsky expressis verbis den Theorien Darwins widerspricht.

Ziele der Theosophischen Gesellschaft sind nach Blavatskys eigenen Worten:

»1. einen Kern der universellen Bruderschaft der Menschheit zu bilden, ohne Unterschied der Rasse, des Glaubens, des Geschlechts, der Kaste und der Farbe, 2. das vergleichende Studium von Religion, Philosophie und Wissenschaft anzuregen, 3. ungeklärte Naturgesetze und die im Menschen verborgenen Kräfte zu erforschen« (aus *Die Geheimlehre*).

Annie Besant (1847–1933) übernahm nach dem Tod von Blavatsky die Leitung der Theosophischen Gesellschaft. Sie engagierte sich politisch und trat für die

Rechte der Frauen ein. In Indien, wo sie Schulen gründete, schätzte man sie als Pädagogin. Charles Leadbeater (1847–1934) stand ihr als enger Mitarbeiter zur Seite. Er war es auch, der in dem indischen Kind Jiddu Krishnamurti (1895–1986) den Weltenlehrer der Zukunft, die Verkörperung des Buddhas Maitreyas und den wiederkommenden Christus sah. Annie Besant adoptierte Krishnamurti und gründete 1911 den »Orden des Sterns im Osten«, um die Welt auf den zukünftigen Weltenlehrer Krishnamurti vorzubereiten. Aber Krishnamurti, der mit der Theosophie aufgewachsen war, sagte sich 1929 von seinen Förderern los und wandte sich von nun an gegen die Organisation, gegen Esoterik und Okkultismus und verkündete seine eigene Lehre – die wiederum nicht ohne Einfluss auf die moderne Esoterik blieb. Krishnamurti war auch der Anlass dafür, dass Rudolf Steiner, der die Leitung der Theosophischen Gesellschaft in Deutschland innehatte, sich von dieser 1912 trennte und die Anthroposophische Gesellschaft gründete. In der Theosophischen Gesellschaft Amerikas wurde Alice Bailey (1880–1949) führend, die auch in esoterischen Kreisen außerhalb der Theosophie Einfluss erlangte. Sie berichtet von ihren Kontakten zu den Geistwesen Saint Germain und White Eagle. Sie entwickelte die Lehre von den »Meistern« weiter, wobei vor allem die Vorstellung von sieben Strahlen als kosmische Ebenen und Einweihungsgraden eine Rolle spielt.

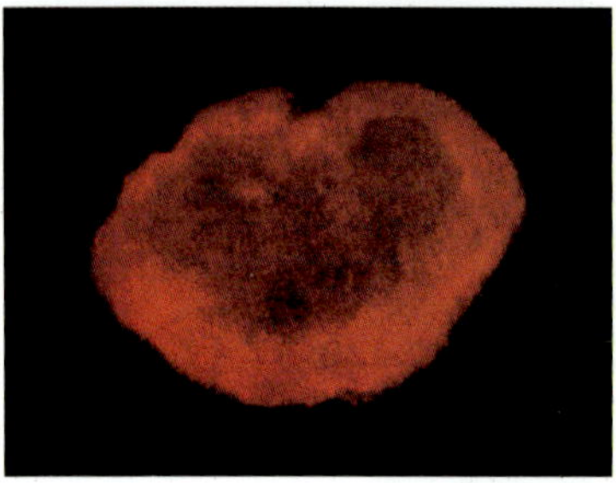

Bereits fünf Jahre bevor Wassily Kandinsky begann, abstrakt zu malen, publizierten Annie Besant und Charles Leadbeater, Leiter der Theosophischen Gesellschaft, 1905 das Buch *Gedankenformen* mit 75 abstrakten Malereien. Im übrigen war auch Kandinsky Anhänger der Theosophie (»Unbestimmte selbstlose Liebe: eine rotierende Wolke reiner Liebe«, C. W. Leadbeater, Annie Besant, *Gedankenformen*, Ausgabe von 1926).

Die Theosophie hat entscheidenden Einfluss auf die Entwicklung der Anthroposophie, des »Hermetic Order of the Golden Dawn« und der modernen Esoterik gehabt.

Rudolf Steiner und die Anthroposophie

Rudolf Steiner wird am 25. oder 27. Februar 1861 in Kraljevec (Ungarn, heute Kroatien) geboren. Seine Kindheit ist geprägt durch ärmliche Verhältnisse und

Rudolf Steiner (1861–1925), um 1900.

Isolation aufgrund häufigen Wohnungswechsels, bedingt durch den Beruf des Vaters als Telegraphist und Stationsvorsteher der Eisenbahn. 1879 beendet er die Schule mit der Matura (Abitur) und beginnt ein Studium der Mathematik, Physik und Naturgeschichte an der Technischen Hochschule in Wien, daneben hört er Vorlesungen zur Literaturgeschichte. Von 1882 bis 1890 führt Steiner die Herausgabe der naturwissenschaftlichen Schriften von Goethe durch, die einen nicht unerheblichen Einfluss Goethes auf Steiner zur Folge haben, was sich allein schon in von Steiner geprägten Begriffen wie »Goetheanismus« und »Goetheanum« zeigt. Daneben ist er als Hauslehrer tätig. 1883 beendet Steiner sein Studium an der Technischen Hochschule ohne Abschlussexamen.

In Wien kommt Steiner erstmals mit der dortigen Loge der Theosophischen Gesellschaft in Berührung. Von 1890 bis 1896 ist er Mitarbeiter des Goethe- und Schiller-Archivs in Weimar, eine Tätigkeit, die ihn frustriert. 1891 promoviert er zum Doktor der Philosophie mit einer Arbeit über *Die Grundfrage der Erkenntnistheorie mit besonderer Rücksicht auf Fichtes Wissenschaftslehre.* Auch mit Nietzsche und Haeckel beschäftigt er sich und verfasst Publikationen über sie. Von 1897 bis 1900 leitet er in Berlin die Redaktion des *Magazins für Literatur* und führt ab 1899 auch Kurse an der *Berliner Arbeiterbildungsstätte* durch.

1900 wird Steiner erstmals zu Vorträgen in der »Theosophischen Bibliothek« eingeladen. Es ist der Beginn seiner Aktivität und Teilnahme an der von Blavatsky gegründeten Theosophischen Gesellschaft. Es folgen Vortragsreisen im In- und Ausland sowie entsprechende Publikationen zu theosophischen Themen und die Gründung und Herausgabe der Zeitschrift

Annie Besant (1847–1933) und Jiddu Krishnamurti bei ihrer Ankunft in New York.

Luzifer (1903, später *Luzifer-Gnosis*). 1902 wird Steiner Mitglied der »Theosophischen Gesellschaft« und gründet im gleichen Jahr die »Deutsche Sektion der Theosophischen Gesellschaft«, deren Generalsekretär er wird. 1904 trifft Steiner in London Anni Besant, die Nachfolgerin von Blavatsky, die ihn zum Leiter der »Esoterischen Schule« in Deutschland macht. Steiner war auch Mitglied im »Ordo Templi Orientis« und in englischen Rosenkreuzer-Logen. 1911 kündigt sich anlässlich der Erwählung Krishnamurtis als zukünftigen Weltenlehrers durch Annie Besant der Konflikt zwischen ihr und Steiner an, der damit endete, dass Besant Anfang 1913 die Deutsche Sektion aus der Theosophischen Gesellschaft ausschloss. Dies war der Beginn der Anthroposophie, denn Ende 1912 wurde in Köln inoffiziell die Anthroposophische Gesellschaft gebildet, die sich dann am 1./2. Februar 1913 offiziell in Berlin konstituierte. Zum Zentrum der Anthroposophie wird Dornach in der Schweiz, wo Steiner 1913 das Goetheanum, ein repräsentatives Gebäude als »freie Hochschule für Geistes-

Das zweite Goetheanum in Dornach (Schweiz), das Zentrum der Anthroposophischen Gesellschaft.

wissenschaften« (GA 260a) und Zentrum für die anthroposophischen Aktivitäten, erbaut.

Rudolf Steiner war vielseitig begabt und auch künstlerisch tätig (Rudolf Steiner, Madonna, Schulskizze für den Malunterricht, 1924).

Auch in wirtschaftlicher Hinsicht ist Steiner nicht unbegabt, er berät die Aktiengesellschaften »Der Kommende Tag« und die »Futurum AG«, deren Vorsitz er innehatte. »Der Kommende Tag« unterstützte u. a. ein klinisch-therapeutisches Institut, das Heilmittel und Kosmetika entwickelte und später zur Weleda AG wurde. 1919 wird die erste Freie Waldorfschule in Stuttgart gegründet. Namengebend ist die Zigarettenfabrik »Waldorf-Astoria« von Emil Molt, der Steiner zur Gründung der ersten Waldorf-Schule für die Belegschaft seiner Fabrik veranlasst und diese finanziert. 1923 werden Landesgesellschaften der Anthroposophischen Gesellschaft in Deutschland, Österreich, England, Norwegen und den Niederlanden gegründet, neben den schon existierenden in Schweden und in der Schweiz. Eine religiöse Tendenz kommt mit der Gründung der »Christengemeinschaft« in die Anthroposophie. Vor allem aus Gründen der Reformierung wird zwischen Weihnachten 1923 und Neujahr 1924 die »Allgemeine Anthroposophische Gesellschaft« in Dornach neu gegründet, deren Vorsitz und Leitung Steiner übernimmt. Das Kurs- und Vortragsangebot nimmt enorm zu. Diese Belastung bleibt nicht ohne gesundheitliche Folgen für Steiner, der am 30. März 1925 stirbt.

Steiner versteht Anthroposophie als »Menschenkunde« im Sinne von »Bewusstsein seines Menschentums«, nicht als »Weisheit vom Menschen« (GA 257). Sie ist nach Steiners Verständnis keine Lehre, Theorie oder Dogma, sondern geistiges bzw. seelisches Leben im Sinne von Tätigkeit und Praxis. Dies zeigt sich in den Wirkungsbereichen der Anthroposophie, wie der

Körper, Seele und Geist in der Anthroposophie
Rudolf Steiner unterscheidet (vor allem in *Theosophie*, 1904) eine körperliche, eine seelische und eine geistige Wesenheit des Menschen, also letztlich Körper, Seele und Geist. Die körperliche Wesenheit gliedert sich in

- einen physischen Körper, der denselben Stoffen und Kräften entspricht, »die auch im Mineralreich vorhanden sind« (so Steiner);
- den »Lebensleib« oder »Ätherleib«, der den Lebensgesetzen der Fortpflanzung und des Wachstums unterworfen und Pflanzen, Tieren und Menschen eigen ist;
- den »Seelenleib« oder »Astralleib«, der für das seelische Empfinden und Erleben zuständig ist und der Mensch und Tier kennzeichnet;
- das »Ich« oder »Geistselbst«, das Geistige (im Sinne von Wesenskern und Individualität), das allein den Menschen auszeichnet.

Ähnlich unterscheidet und unterteilt Steiner auch die seelische und die geistige Wesenheit des Menschen.

Pädagogik (Waldorfschulen), in der Heilpädagogik, Medizin, Eurythmie (»sichtbare Sprache«, eine Art Bewegungskunst, die Gestik, Dramaturgie, Tanz etc. umfasst), Sprachgestaltung, Dramaturgie bis hin zur biologisch-dynamischen Landwirtschaft. Grundlegend für die Anthroposophie ist der Gedanke der Dreigliederung des menschlichen Bereiches in Leib, Seele und Geist sowie die Beschreibung und Analyse des Verhältnisses von Leib, Seele und Geist – vergleichbar dem Leib-Seele-Problem in der Philosophie.

Vor allem seit der Tätigkeit für die Theosophische Gesellschaft versuchte Steiner, Natur- und Geisteswissenschaften zu verbinden. Er entwickelte eine eigene Erkenntnistheorie, in der er, ähnlich wie bei seinem Menschenbild, verschiedene Stufen unterscheidet, beginnend mit der Erkenntnis der materiellen Gegenstände bis hin zur Erkenntnis der geistigen Welt. Diese Erkenntnistheorie verband Steiner mit seiner eigenen Sicht des Christentums: Für ihn waren Tod und Auferstehung Christi, das »Mysterium von Golgotha«, wie er es nennt, das wichtigste Ereignis in der Entwicklungsgeschichte der Menschheit, und zwar weil dadurch die Macht und Erkenntnisfähigkeit des Menschen um die bis dahin fehlende Liebe bzw. die »Christuswesenheit« erweitert wurde. Beim Tod Jesu wurde diese Christuswesenheit über die Erde verbreitet und damit zu ihrem eigentlichen Körper.

Das Buch *Theosophie* erschien der durch okkulte und spiritistische Praxis geprägten Theosophie von Annie Besant zu rationalistisch. Einen weiteren Unterschied betonte Besant selbst: Steiner »kennt den östlichen Weg nicht, daher kann er ihn auch nicht lehren. Er lehrt den christlich-rosenkreuzerischen Weg, der für manche Menschen eine Hilfe, aber von unserem verschieden ist« (GA 264). Steiner hat viele Ideen von Blavatsky übernommen, was in der heutigen Anthroposophie gerne geleugnet wird. Tatsächlich kann man die Anthroposophie als *die* Form christlicher Esoterik ansehen. Für Steiner hatte das Christentum immer den Vorrang gegenüber den anderen Religionen. Steiner hatte eing individuelles, eigentümliches Christusbild entwickelt, das sich von dem kirchlichen unterschied, aber nicht vollkommen konträr zu diesem war.

Mit der Anthroposophie eng verbunden, aber gleichwohl eine eigene Organisation ist die »Christengemeinschaft«. Diese sieht sich als »Bewegung für religiöse Erneuerung« und als Kirche. Bei einer Mitgliedschaft in der Christengemeinschaft und auch in der Anthroposophischen Gesellschaft muss man aber nicht unbedingt aus der offiziellen Kirche austreten.

In der Esoterik insgesamt ist die Anthroposophie nur ein kleiner, aber sehr einflussreicher Teil. Ihr Einfluss könnte größer sein, wenn sich die Anthroposophie nicht als sektenartige Organisation zurückgezogen hätte.

Karte des noch heute beliebten Crowley-Tarot: »Ausgleichung« (Illustration von Frieda Harris).

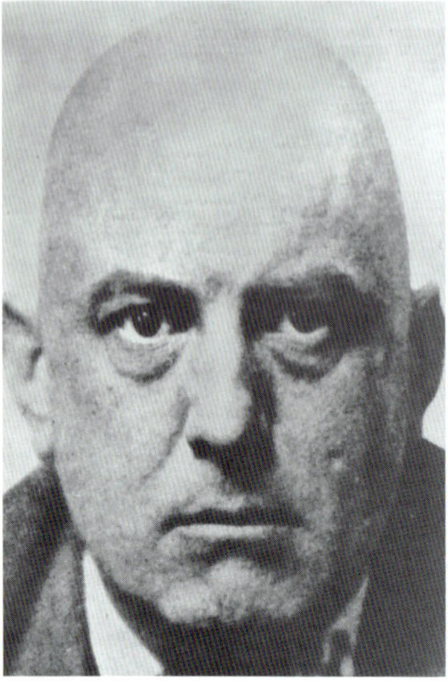

Aleister Crowley (1875–1947).

Aleister Crowley (1875–1947) ist mit Abstand die schillerndste Persönlichkeit in der Geschichte der Esoterik. Er sah sich als mächtiger Magier und nannte sich selbst »The Beast« (»das große Tier«) nach der Johannes-Apokalypse auch durch die Zahl 666 symbolisiert. Crowley stammte aus einer reichen Quäkerfamilie. Das streng religiöse Elternhaus beeinflusste ihn stark, wenn auch sicher nicht im Sinne seiner Eltern, der ererbte Besitz sorgte lange für eine materiell gesicherte Existenz.

Er lehnte das Christentum ab und versuchte stattdessen, seine neue Religion *thelema* (griechisch, »Willen«) zu entwickeln. Diese Religion soll ihm 1904 in Kairo durch Aiwass, den Boten des ägyptischen Gottes Horus, der Crowleys Frau Rose als Medium benutzte, offenbart worden sein. Diese Offenbarung schrieb Crowley in seinem *Liber Legis* (»Buch des Gesetzes«) nieder. Darin findet sich auch sein Leitspruch »Tu, was du willst, sei das ganze Gesetz« (I,40), der heute bei neuheidnischen Gruppen nach wie vor aktuell ist, wenn auch mit dem abmildernden Zusatz »solange du damit niemandem schadest«. Das »Buch des Gesetzes« nennt als Ziel die Befreiung des Starken und die Vernichtung des Schwachen. Gewalt, Sexualität und Magie sind die zentralen Themen für Crowley. Er verstand sich selbst als Magier und den Magier als Machtmenschen, nicht als Weisen und Heiler. Sexual-

Karte des Tarot des Golden Dawn: »Der Teufel« (Illustration von Robert Wang, 1978)

magische Rituale spielten in seinen Vorstellungen von Magie eine zentrale Rolle. Er lebte seine Obsessionen, vor allem Sexualpraktiken in allen Varianten, aus, stand aber auch konsequent für seine Lehre bis zum Ende ein.

Crowley mischte auch beim »Hermetic Order of the Golden Dawn« (»Hermetischer Orden der Goldenen Dämmerung«) mit. Er ernannte sich 1909 zum Tempelmeister des »Order of the Silver Star« (»Ordo Argenti Astri«, A. A.), sozusagen einer Unterabteilung des Golden Dawn. Crowley gab an, er sei der Bitte der Götter um »Aufstieg« nachgekommen. In seinem Buch *The Equinox* (1909–1913) versuchte er – in Konkurrenz zu Blavatsky – der breiten Öffentlichkeit Okkultismus nahe zu bringen, einschließlich der von Mathers verfassten Ordensregeln des »Hermetic Order of the Golden Dawn«. Dieser reagierte mit einem Prozess, den aber Crowley gewann. Den Schaden durch die Veröffentlichung der Ordensregeln hatte letztlich der auf Geheimhaltung bedachte Golden Dawn. 1912 trat Crowley den »Templern des Orients« (»Ordo Templi Orientis«, O. T. O) bei, die sich als Nachfolger des legendären Templerordens (s. S. 40ff.) sahen. Crowley wurde Oberhaupt des O. T. O. in Großbritannien und prägte ihn entscheidend.

Crowley führte die ostasiatische Praxis der Meditation und des Yoga in die Esoterik ein. Er gebrauchte schon damals Drogen als Mittel der Bewusstseinserweiterung. Er beeinflusste entscheidend den Gründer der Wicca-Bewegung, Gerald Gardner. Auch mit dem Satanismus wird er in Verbindung gebracht. Die von ihm mit Lady Frieda Harris entwickelten Tarot-Karten, das sogenannte Crowley-Tarot, sind bis heute in der Esoterikszene bekannt und beliebt.

In den Jahren nach 1914, als der Mythos Crowley entstand, ging es mit Crowley selbst immer mehr bergab: Sein Vermögen war aufgebraucht, durch den Drogenkonsum ging es ihm gesundheitlich schlecht und er zweifelte zuletzt auch an seiner Rolle als Magier.

Hermetic Order of the Golden Dawn
Der »Hermetic Order of the Golden Dawn« (»Hermetischer Orden der Goldenen Dämmerung«) wurde 1888 in Großbritannien von Wynn Westcott, William Woodman und McGregor Mathers gegründet. Der Orden basierte auf den Ideen der Theosophie, zu der auch persönliche Kontakte bestanden, war aber besonders auf die praktische Magie ausgerichtet. Die symbolischen Grundelemente, aus denen das System des Golden Dawn zusammengesetzt wurde, sind die kabbalistische Sefirot-Lehre, das Tarot, die Astrologie, alchemistische Fragmente, die freimaurerische Ordensstruktur, die henochischen Anrufungen des John Dee, die Rosenkreuzer-Legende und die Mythologie des ägyptischen Totenbuches. Im Gegensatz zur Theosophie schuf man im Golden Dawn daraus aber keine philosophische, sondern eine magische Synthese. Durch innere Streitigkeiten und Aufspaltungen kam es Anfang des 20. Jh. zum Ende des Ordens, sein Einfluss ist aber bis in die gegenwärtige Esoterik, vor allem im Neuheidentum, präsent.

Nach wie vor sind Hermetik, Theosophie und Anthroposophie die Grundkonzepte der Esoterik, im Vordergrund der modernen Esoterikszene stehen aber New Age und Neuheidentum, dem auch Wicca-Kult und Schamanismus zuzuordnen sind. Diese Richtungen der Esoterik, das sei noch einmal betont, sind nicht scharf voneinander getrennt, man kann sich sowohl für das eine als auch das andere interessieren und es gleichzeitig praktizieren. Heute sind vor allem Heilungstherapien aktuell und die einzelnen Richtungen werden noch mehr vermischt als früher. Unübersehbar ist eine noch stärkere Tendenz zur Individualisierung in dem Sinne, dass sich der esoterisch Interessierte durch Bücher oder das Internet informieren und sich eine Art Patchwork-Religion selbst zusammenstellen und praktizieren kann.

Isis wurde schon in der altägyptischen Religion als »Gottesmutter« verehrt. Die Statuen der Isis mit dem Horuskind waren ikonographisches Vorbild für die christliche Darstellung der Gottesmutter Maria mit dem Jesuskind. Und auch in der Esoterik gilt Isis als Sinnbild des Weiblichen, etwa in H. P. Blavatskys Buch *Isis entschleiert* oder *Die Matriarchin von Isis* von Marion Zimmer Bradley (Kairo, 3. Jh. v. Chr.).

Alternativ und religiös – Flower Power, Feminismus und indianische Spiritualität

Auf die gegenkulturellen Protestbewegungen der 1960er Jahre in den USA und Europa geht nicht nur die politische Auseinandersetzung mit der etablierten bürgerlichen Gesellschaft zurück, sondern auch die Abwendung von der Amtskirche und die Suche nach neuen religiösen Wegen. Hippie-Kultur, sogenannte Jugendsekten, Feminismus und feministische Theologie sowie indianische Spiritualität erschienen als Formen alternativer Religiosität.

Die **Hippie-Kultur** war eine wichtige Grundlage der New-Age-Bewegung. Zu nennen sind hier die meist religiös bestimmten Bewegungen der »Beatniks«, der (buddhistischen) »Dharma Bums« (»Pilger des Weltgesetzes«), der »New Gypsies«, »New Indians«, »Flower People«, »Gopas of Lord Govinda«, »Jesus People«,

»Hippies« und »Aquarians«. Schließlich gehören in diesen Zusammenhang auch die sogenannten Jugendsekten, deren Spektrum von östlichen Meditationsbewegungen bis hin zu Psychogruppen reicht und die meist auch als Protestbewegungen Jugendlicher anzusprechen sind. Beispiele sind die »Internationale Bewegung für Krishna-Bewusstsein« von Swami Bhaktivedanta, die »Internationale Meditations-Gesellschaft – Transzendentale Meditation« von Maharishi Mahesh Yogi oder die »Neo-Sannyas«-Bewegung von Bhagwan Shree Rajnees bzw. Osho – um nur die zu nennen, bei denen es Wechselbeziehungen mit der Esoterik gab.

Auch die **feministische Bewegung und Theologie** erschien als alternativer Weg einer neuen Spiritualität. Zwischen Esoterik (vor allem Neuheidentum) und Feminismus gibt es Wechselwirkungen, Übergänge und Vermischungen. Ausgangspunkt der feministischen Bewegungen ist das 1861 erschienene Buch *Das Mutterrecht. Eine Untersuchung über die Gynaikokratie der alten Welt nach ihrer religiösen und rechtlichen Natur* von Johann Jakob Bachofen. Seine – heute widerlegte oder zumindest in Frage gestellte – These besagt, dass das »Mutterrecht« bzw. Matriarchat eine frühe »Kulturstufe« in der Entwicklungsgeschichte der Menschheit darstellt. Bachofens Theorie des »Mutterrechts« wurde sowohl von linker wie von völkisch-konservativer Seite begeistert aufgenommen, ebenso wie später von feministischer Seite. Daneben entwickelte sich die feministische Theologie: Schon 1898 hatte Elisabeth Cady Stanton in *Woman's Bible* das einseitig männlich geprägte Gottesbild und die Abwertung der Frau im Judentum und Christentum kritisiert. Damit war sie ihrer Zeit voraus. Aufgegriffen wurden ihre Thesen erst in den 1960er Jahren, so von Mary Daly, deren Buch *The Church and the Second Sex* von 1968 als Beginn der feministischen Theologie gesehen werden kann, die in den siebziger Jahren von den USA auch nach Europa gelangte. Mary Daly ist gleichzeitig auch ein Beispiel dafür, dass christlich-feministische und heidnisch-feministische Religiosität nicht immer scharf voneinander zu trennen

Darstellung des Weiblichen in der Steinzeit: die sogenannte Venus von Willendorf (bei Krems in Österreich), meist im Sinne eines Fruchtbarkeitskultes gedeutet. Ob eine besondere kultische Verehrung von Frauen auf eine sozial hohe Stellung oder gar auf ein Matriarchat schließen lässt, ist zweifelhaft. Wie beispielsweise die Marienfrömmigkeit in der katholischen Kirche zeigt, kann auch das Gegenteil der Fall sein.

sind. Nicht nur Frauenfeindlichkeit, sondern auch Naturfeindlichkeit warf Daly der jüdischen und der christlichen Religion vor und versuchte mit ihrem Konzept der »Gynökologie«, Ideen des Umweltschutzes mit denen der vorchristlichen Verehrung der »Mutter Erde« zu verbinden. Als Vertreterinnen feministischer Spiritualität seien hier Rosemary Radford Ruether sowie in Deutschland Heide Göttner-Abendroth genannt. Über das Ziel ist man sich einig, über den Weg dahin bestehen allerdings unterschiedliche Vorstellungen.

Indianische Spiritualität wurde zu einem wichtigen Bestandteil der Esoterik, vor allem des Neuheidentums (s. S. 73–86) und Neoschamanismus (s. S. 138–143). Hierbei entwickelte sich ein eigenständiges Bild, das mit der Realität der nordamerikanischen Indianer nicht übereinstimmte, aber andererseits wiederum Einfluss auf die Indianer hatte. Vom ethnologischen Standpunkt aus kann man nicht von *der* indianischen Religion schlechthin sprechen. Allein in Nordamerika gab und gibt es eine Vielfalt sehr unterschiedlicher indianischer Kulturen und Religionen. Aus dieser Vielfalt indianischer Religionen hat die esoterisch-indianische Spiritualität nur einzelne Elemente und Phänomene übernommen, vereinfacht dargestellt und mit Klischees versetzt wie dem – nicht der Realität entsprechenden – Bild vom Indianer als Ökoheiligem.

Die verstärkte Rezeption indianischer Tradition und

Paradigmenwechsel – von der jetzigen Zeit der Krisen zum neuen, besseren Zeitalter des Wassermanns, ein Hauptgedanke des New Age, der auch zum Engagement im Umweltschutz führte.

Spiritualität begann Mitte der sechziger Jahre in den USA, als die Hippies indianische Kulturen für ihre gegenkulturelle Bewegung entdeckten. Nach den Ereignissen von Wounded Knee 1973, als die Indianer an historischer Stätte indianischen Widerstandes für mehr Rechte demonstrierten, wurden zahlreiche AIM-Support-Groups (American Indian Movement-Unterstützungs-Gruppen), auch in Deutschland, gegründet. Die Rezeption indianischer Religiosität zusammen mit der Erfahrung des indianischen Widerstandes hatte seit den 1960er und 1970er Jahren auch in Westeuropa eine nicht zu unterschätzende Wirkung auf die Alternativ-, Ökologie- und Friedensbewegungen (z.B. Greenpeace, die »Partei der Grünen«).

Indianisches Klischee: »Der Medizinmann« (Jokerkarte des *Orakels der indianischen Medizinmänner*, 2001)

New Age: Im Zeichen des Wassermanns

New Age (engl., »Neues Zeitalter«) ist die Bezeichnung einer esoterischen Strömung, deren Ursprünge vor allem auch auf die Hippie-Bewegung der 1960er Jahre zurückgehen, die ihren Höhepunkt in den 1980ern hatte und deren Bedeutung seit den 1990er Jahren zurückging. Für die »New-Age-Bewegung« namens- und richtungsweisend ist die Vorstellung von einem neuen Zeitalter, dem Zeitalter des Wassermanns. Mit der Vorstellung des neuen Zeitalters verbunden war die Hoffnung auf einen »Paradigmenwechsel«, auf eine völlige Veränderung des bisherigen Weltbildes und Handelns: dem Christentum mit seiner dogmatischen Lehre, seiner Frauen- und Naturfeindlichkeit wird eine neue Spiritualität entgegengesetzt: die Einheit des Menschen mit der Natur und dem Absoluten. Daraus resultiert auch ein neues ökologisches Bewusstsein. Symbol für das neue Weltbild ist der Regenbogen. Die New-Age-Bewegung formiert sich nicht in Gruppen mit hierarchischen Strukturen, sondern in Netzwerken, lose organisierten Gruppen und Gemeinschaften. Bekannte Orte, wo die New-Age-Gemeinschaft im wahrsten Sinn des Wortes praktiziert wird, sind das Esalen-Institut in

Kalifornien und die Findhorn-Gemeinschaft in Schottland, beide 1962 gegründet. Findhorn erlangte vor allem aufgrund der sehr erfolgreichen Bewirtschaftung von Gärten und Feldern auf ursprünglich unfruchtbarem Boden Berühmtheit. Die gegenwärtige Esoterik wurde entscheidend durch die New-Age-Bewegung geprägt, daher auch die weitgehenden Gemeinsamkeiten.

Thema, Topos und Symbol des neuen Zeitalters des Wassermanns entstand aus astrologischen Weltalterlehren, Hypothesen der Altertumswissenschaft seit dem 19. Jh. sowie apokalyptischen und politischen Utopien. Die dabei entwickelte Einteilung der einzelnen Zeitalter nach der Stellung des Frühjahrsbeginns ist so weder in der Antike noch im Mittelalter, sondern erst im 19. Jh. belegt. Das Wassermannzeitalter beruht auf der esoterisch-astrologischen Vorstellung, dass sich mit dem neuen Zeitalter des Wassermanns der Beginn des Frühlings vom Tierkreiszeichen Fische auf das des Wassermanns verschiebt. Der Umlauf der Erde um die Sonne ist nicht genau senkrecht, sondern elliptisch in Form eines Eies. Betrachtet man dies nun von der Erde aus, so wandert am Himmel scheinbar die Sonne um die Erde. Fixpunkt für diese scheinbare Umlaufbahn der Sonne ist der Frühlingsbeginn am 21. März, dem Tag der Tagundnachtgleiche, der einmal innerhalb von 25.800 Jahren sozusagen durch den Tierkreis wandert. Ein Monat dieses Weltenjahres beträgt 2150 Jahre. Am Anfang des Weltenjahres, im ersten Monat, begann das Frühjahr im Tierkreiszeichen des Stiers, im zweiten Monat im Zeichen des Widders, dann im Zeichen der Fische und schließlich im Zeichen des Wassermanns. Nach dieser Theorie, die vor allem Rudolf Sebottendorf (1923) und Alfons Rosenberg (1949) entwickelten, war das Zeitalter des Stieres (mit Frühlingsbeginn im Zeichen des Stieres) die Zeit der frühen Hochkulturen der Sumerer, Ägypter und Babylonier. Das Zeitalter des Widders mit dem Frühjahrsbeginn im Zeichen des Widders war die Zeit von den Assyrern bis zum Hellenismus. Das Fisch-Zeitalter ist durch die römische und christliche Kultur

Die Tierkreiszeichen Wassermann und Widder unter dem Einfluss des Saturn (Illustration zu *De sphaera*, 15. Jh., Biblioteca Estense, Modena).

geprägt. Alice A. Bailey (1880–1949), die als eine der ersten den Begriff »Wassermann-Zeitalter« prägte, die Wiederkunft Christi in naher Zukunft erwartete und mit ihren Ideen New Age erheblich beeinflusste, betonte die Verbindung des Fisch-Zeitalters mit Christus bzw. die Bedeutung des Fisches als christliches Symbol. Für den Beginn des Wassermann-Zeitalters kursierten unterschiedliche Datierungen vom Ende des 19. Jh. bis zum Beginn des 21. Jh., oft wurde er auch mit dem Jahr 1950 angesetzt.

Neuheidentum: Zurück zu Europas alten Religionen

Das Neuheidentum bezeichnet sich selbst als »Erdreligion«, »alte Religion« oder »westlicher Weg« (gemeint sind damit die alten Religionen in Westeuropa) und rechnet sich selbst nicht der Esoterik zu – aber die großen Ähnlichkeiten und Überschneidungen sprechen doch dafür. Zur »Erdreligion« kann man Neuheidentum, Wicca-Kult und Neo-Schamanismus rechnen. Gemeinsam und kennzeichnend für diese Richtungen ist der starke Bezug zur Natur. Aus der Begegnung und Einheit mit der Natur soll Selbsterkenntnis und Bewusstseinserweiterung erlangt werden. Welt und Natur, alles steht in einem Zusammenhang, alles ist belebt durch eine universale Lebenskraft und alles Lebendige, das Leben an sich und letztlich die Natur, gelten als heilig. Eine wichtige Rolle spielen in diesem Zusammenhang auch die Große Göttin, die für das Weibliche und die Fruchtbarkeit steht, und andererseits der Gehörnte Gott, der Fruchtbarkeit, Natur und Tod symbolisiert, ebenso der Glaube an die Wiedergeburt. Die Rückbesinnung auf die germanische und keltische Religion sowie teilweise eine spezifisch weibliche Form der Religiosität (Wicca-Kult) sind weitere Kennzeichen.

Stonehenge. Die Steinkreise aus der Jungsteinzeit sind heute eine Kultstätte des Neuheidentums.

»Heide« ist ursprünglich ein christlicher Begriff zur Bezeichnung des Andersgläubigen, des vom Heil ausgeschlossenen Nichtchristen (vgl. Exodus 20,2f.). Aber auch der wird als Heide gesehen, der das Göttliche in der Natur und nicht im christlichen Gott sieht. Die Konstantinische Wende (313 n. Chr.) markiert den Sieg des Christentums über das Heidentum, vor allem die keltischen und germanischen Religionen, und den Beginn des christlichen Europas. Die vollständige Missionierung der Germanen war aber erst im 13. Jh. Chr. in Schweden beendet. Es kam zum Synkretismus und zu Übernahmen heidnischer Vorstellungen ins Christentum. Ein Beispiel dafür ist der heutige christliche Festkalender. So war Weihnachten ursprünglich das Fest der Geburt des Sonnengottes (Wintersonnenwende), Ostern die Auferstehung des Vegetationsgottes (Frühlingsanfang) (vgl. S. 87).

In der Renaissance kam es neben atheistischen Entwicklungen zu einem »Theismus« bzw. Heidentum in intellektuellen Kreisen, die die Natur als Manifestation des Göttlichen ansahen und das Christentum ablehnten. Diese Richtung fand ihre Fortsetzung bei Goethe, Nietzsche, Hölderlin, in der Romantik und bis hin zur heutigen Naturphilosophie und Tiefenökologie. (s. S. 152ff.).

Zu dieser Abwendung vom Christentum und der Hinwendung zur Natur kam später in der »Deutschen Bewegung« ein nationales Element: Die Germanen wurden zum Inbegriff des freien und unabhängigen Volkes. Nicht nur in Deutschland, auch in Großbritannien und den nordischen Ländern kam es zu Bewegungen der Rückbesinnung auf die germanische bzw. keltische Vergangenheit (so in dem 1717 gegründeten »Ancient Druid Order« oder in den *Ossianischen Gesängen* des Schotten James MacPherson von 1762/63).

Seit den 1870er Jahren wurde die »Deutsche« von der »Völkischen Bewegung« abgelöst, die die eigene ethnische Identität im deutschem Volkstum suchte. Die völkische Bewegung war nicht einheitlich, sondern in vielen Grüppchen, Gruppen und Orden aktiv. Das Interesse reichte von der germanischen Altertumskunde über Heimat- und Naturschutz bis hin zu Sport und »Freikörperkultur«. Gemeinsam war fast allen die mehr oder weniger starke rassistische und antisemitische Tendenz. Rassentheorie und Sozialdarwinismus fungierten dabei als »wissenschaftliche« Erklärung und Heilslehre zugleich.

Das Denkmal Hermanns des Cheruskers, der die Römer besiegte, gleichzeitig Denkmal des Deutschtums im 19. Jh., wie es bereits in dem Gedicht *Hermann aus Walhalla* (1794) von Friedrich Gottlieb Klopstock aufscheint (Hermannsdenkmal bei Detmold).

Druiden hatten wahrscheinlich eine priesterähnliche Funktion im keltischen Kult. In der modernen Esoterik gelten sie als Weise, Magier und Schamanen (G. Henry & E. A. Horned, *Die Druiden beim Holen des Mistelzweiges*, 1890).

Ein bekanntes Beispiel für die Verbindung von Rassenmetaphysik, völkischer Bewegung und Theosophie ist die Ariosophie. Die Germanen wurden in der Ariosophie nicht nur idealisiert, sondern als kosmisches Prinzip dargestellt. Als einer der ersten Ariosophen ist Guido von List (1848–1919) zu nennen, der die germanische Religion als hochentwickelte gnostisch-esoterische Religion darstellte, deren Wissen durch die Priester der Germanen, die »Armanen«, auch nach der Christianisierung weitertradiert worden sei. Jörg Lanz (von Liebenfels, 1874– 1954) vertrat eine eigenwillig-esoterische Intepretation des Christentums, vermischt mit pseudowissenschaftlichen Rassentheorien. Aller Wahrscheinlichkeit nach war er der »Mann, der Hitler die Ideen gab«. Lanz gründete 1907 den »Ordo Novi Templi«, den »Neuen Orden der Templer« (O. N. T.), der sich – wie der Name sagt – in der Nachfolge des Templerordens (s. S. 40ff.) sah und eine der ersten völkisch-religiösen Organisationen war. Der Gründung des O. N. T. durch Lanz folgten weitere Gründungen, so die »Guido-von-List-Gesellschaft«, die »Gesellschaft Wodan« (1907), der »Wodan-Bund« (1909), der »Urda-Bund« (1911), die »Nornen-Loge« (1912) und – von besonderer Bedeutung – der »Germanen-Orden« (1912). Alle diese Gruppierungen vertraten eine Rassenmetaphysik, ähnelten Geheimbünden, ihre Rituale erinnerten an Freimaurer-Rituale, hinzu kamen Runen-Magie und völkische Astrologie. Mitglied wurde man durch Empfehlung, Voraussetzung war eine »Ahnenprobe«, die eine arische (nichtjüdische) Herkunft nachwies. Neben diesen »geheimen« Ordensgründungen gab es auch Versuche, eine Art nichtchristliche Konfession mit deutsch-germanischer Religiosität zu gründen, so die »Deutschgläubige Gemeinschaft« und die »Germanische Glaubens-Gemeinschaft«.

Hitlers Machtergreifung wurde von den völkisch-religiösen Gruppen natürlich begrüßt. Hitler selbst versuchte sich aber mit den christlichen Kirchen zu arrangieren und verbot die völkisch-religiösen Organisationen. Einzelne ihrer Vertreter (darunter Friedrich-Wilhelm Marby, Kurt Paehlke) landeten sogar im KZ. Auch wenn völkisch-religiöse Ideen die Ideologie der Nationalsozialisten prägten und durchaus prominente Anhänger hatten wie Alfred Rosenberg (*Mythus des 20. Jahrhunderts*, 1930), Rudolf Heß oder Heinrich Himmler (der die Wewelsburg und die Externsteine zu Kultzentren machen wollte), stand für Hitler selbst die Politik bzw. politische Macht an erster Stelle. Mit Beginn der Bundesrepublik Deutschland kam es zwar zum Wiederaufbau der völkisch-religiösen Gruppierungen, aber es fehlten neue Impulse. Der Ariosophie gelang überhaupt kein Comeback. Heute existieren nur kleine, isolierte Grüppchen. Von gewisser Bedeutung ist allein der auf Guido von List zurückgehende »Armanen-Orden« (AO). Zu erwähnen sind ferner die »Artgemeinschaft«, die »Goden«, »Unitarier«, die »Freireligiösen«, die Wikinger-Gruppen und die »Gylfiliten«. Streitigkeiten um die Nachfolge und damit verbundene Aufspaltungen prägten häufig die Geschichte dieser neuheidnischen Gruppen. Gerade die – auf die Ariosophie zurückgehenden – Gylfiliten sind ein Beispiel für den

Walhall, nach germanischer Vorstellung die Halle der im Krieg Gefallenen in Asgard, dem Wohnsitz der Götter (Gemälde von Max Bruckner, 1896).

völlig unkritischen Umgang mit dem historischen Erbe, da hier Hitler nach wie vor als Inkarnation Odins verehrt wird.

In den 1970er/1980er Jahren kam es im Zuge der Kelten- und Germanenwelle zu vielen Neugründungen von Vereinigungen in Europa, vor allem Großbritannien, Frankreich, den deutschsprachigen und nordischen Ländern (Schweden, Dänemark), aber auch in den USA. Das Spektrum reicht von kleinen Gruppierungen bis zu größeren Vereinigungen. Als aktuelles Beispiel neugermanischer Vereinigungen seien hier stellvertretend die Asatru-Gemeinschaften genannt. Ihr Name verbindet »Asa« (gemeint sind Asen, neben den Vanen eine germanische Göttergeneration) mit »Tru« (»Treue«, auch im Sinne von Verehrung). Entsprechend stehen die Asen (u. a. Odin, Thor, Ostara), aber auch die Vanen (z. B. Freyja) im Mittelpunkt der Asatru-Gemeinschaften, deren Ziel eine Wiederbelebung der altgermanischen Religion ist. Dabei werden diese Gottheiten weniger im traditionellen Sinn verstanden, sondern vielmehr als Symbole der Naturphänomene und -erfahrungen wie Fruchtbarkeit, Liebe, Aggression oder Gerechtigkeit, auch wenn man ihnen Speise- und Trankopfer darbringt. In der »Asatru Alliance« sind die vielen kleinen Asatru-Gruppen (*kinreds*) in Deutschland, Skandinavien, Island, USA international zusammengefasst.

Die Externsteine, eine Kultstätte des Neuheidentums in Deutschland. Heinrich Himmler wollte die Externsteine zur Zeit des Nationalsozialismus zur Kultstätte machen.

Als neukeltische Gruppen sind gegenwärtig beispielhaft zu nennen »Order of Bard, Ovates and Druides« (OBOD, England), »A Druid Fellowship« (ADF), die IMBAS

(USA), die »Avalon Schwesternschaft« (basierend auf Marion Zimmer Bradleys Roman *Die Nebel von Avalon*, in Deutschland »New Avalon«), die »Europäisch Keltische Gemeinschaft« (EKG bzw. ECC, 1998 gegründet und auf den europäischen Kontinent konzentriert) sowie »Das Dorf« (eine Vereinigung mit einem Keltenhof in Kärnten, wo keltische Kultur und Religion praktisch umgesetzt werden). In diesen Zusammenhang gehören auch Rockmusikgruppen wie »Black Sabbath« oder »Slayer«.

Yggdrasil, die Esche oder der Weltenbaum in der germanischen Mythologie, der durch neun Welten wächst, u. a. die der Götter, der Menschen, der Zwerge und der Elfen (Illustration aus *Nordische Antiquitäten*, 1847).

Das Neuheidentum versucht, die vorchristlichen Naturreligionen Europas wiederzubeleben. Man beruft sich auf eine durchgehende Kontinuität der keltischen und germanischen Tradition, die im Untergrund die christliche Missionierung bis heute überlebt habe. Eine solche Kontinuität hat sehr wahrscheinlich nicht existiert, ist aber nicht ganz eindeutig widerlegt. Die Wiederbelebung des Kelten- bzw. Germanentums erfolgt intuitiv, das heißt subjektiv und eklektisch: Man nimmt dabei nur bestimmte, sozusagen in das Konzept der modernen Wiederbelebung passende Elemente der Tradition auf oder solche, die man vermeintlich der alten Tradition zuschreibt, die aber realiter nicht zu dieser gehörten. Das wissenschaftlich durch Germanistik, Keltologie und Archäologie fundierte Bild der Germanen und Kelten ist vergleichsweise lückenhaft und dürftig. Denn sehr wenige Informationen sind abgesichert und belegt, und so sind der Forschung Grenzen gesetzt. Gerade diese Tatsache hat die Fantasie der neuheidnischen Vorstellungen beflügelt. Die wichtigsten Quellen über Germanen und Kelten, die der Wissenschaft vorliegen, sind die Berichte

Der Wolf ist ein beliebtes neuheidnisches Tiersymbol, auch als Vorbild ethischen Verhaltens (Motiv aus *Karten der Kraft. Ein schamanistisches Einweihungsspiel in den »Pfad der Tiere«*, von Jamie Sams und David Carson).

der antiken römischen Geschichtsschreiber, denen es zumeist an Objektivität mangelt. Und die germanischen und keltischen Mythen und Sagen, da sie in der uns vorliegenden literarischen Form aus mittelalterlicher bzw. christlicher Zeit stammen, sind nicht frei von christlichem Einfluss (deutlich nachgewiesen etwa bei der Isländersaga *Erzählung von Hrafinkel, dem Freypriester*). Ein anderes Beispiel dafür, wie wenig wissenschaftlich belegt ist, sind die meist als keltische Priester dargestellten Druiden: belegt ist nur ihre Funktion im Kult, sie treten weder als Personen in Erscheinung, noch gibt es bildliche Darstellungen von ihnen. Und die literarischen Quellen sind nicht zuverlässig, da sie aus christlicher Zeit stammen.

Neben den (vermeintlichen) germanischen und keltischen Traditionen bezieht das Neuheidentum auch theosophische und schamanistische Vorstellungen und Praktiken ein. Das Neuheidentum ist dabei sehr offen für andere Religionen wie Buddhismus, Hinduismus und Religionen der Naturvölker, vor allem der nordamerikanischen Indianer.

Aber im Vordergrund steht doch das Interesse am eigenen Ethnos, also den Germanen und Kelten, die nicht zuletzt zur eigenen Identitätsfindung in Zeiten der Globalisierung dienen. Im weiteren Sinne wird eine Rückkehr zu den eigenen, vorchristlichen Wurzeln Europas postuliert. Dabei werden vor allem auch Christentum und Judentum als orientalisch und somit nicht-europäisch und fremd empfunden. Das Christentum lehnt man ab wegen der Dogmatisierung, der Naturfeindlichkeit und dadurch verursachten Naturzerstörung sowie der Frauenfeindlichkeit. Ferner kritisiert man am Christentum, dass es mit dem Gebot der Nächsten- und Feindesliebe ein in der Alltagspraxis nicht zu verwirklichendes Ideal predige. Ein Beweis für die Unmöglichkeit der Umsetzung dieses Ideals sei allein schon die Geschichte des Christentums selbst. Dem setzt das Heidentum das Gebot der Freundschaft gegenüber Freunden und Clanmitgliedern und Feindschaft gegenüber Fremden und Feinden entgegen – oft symbolisiert durch den Wolf, der sein Rudel verteidigt. Kurz: Nicht das Christentum, sondern das Heidentum sei die für Europa adäquate Religion.

Das Neuheidentum lehnt eine Dogmatik ab, obwohl es Tendenzen zu einer neuheidnischen Theologie gibt. Im Mittelpunkt des religiösen Interesses und der Ethik steht die Natur mit ihren Erscheinungen. Das Neuheidentum versteht sich selbst als Naturreligion im Sinne der Betonung der Einheit mit der als belebt und heilig gedachten Natur. Nicht nur Pflanzen, Tiere, Quellen etc. gelten als belebt und heilig, sondern auch Naturgeister des Volksglaubens (Zwerge, Feen etc.) werden dabei mit einbezogen. Ausgangspunkt der Naturverehrung ist die Kritik an der Ausbeutung und Zerstörung von Natur und Umwelt. Daher treten viele Neuheiden

Ceres bzw. Demeter als Verkörperung der Erde (Jan Brueghel d. Ä., 1568–1625, Wien, Kunsthistorisches Museum).

auch für politisch-ökologischen Umweltschutz ein. Die Natur wird oft in Form der Mutter Erde verehrt. Die Erde versteht man dabei als eigenen, lebendigen Organismus. Insofern kann man auch von Naturreligion oder Erdreligion sprechen.

Teilweise stehen das Weibliche – als »Große Göttin« – und eine weibliche Spiritualität im Vordergrund. »Die Große Göttin«, vor allem im Wicca-Kult präsent, ist eine Synthese diverser Göttinnen verschiedener Religionen. Der weibliche Aspekt als Sinnbild des Lebens schlechthin steht hierbei im Vordergrund. Entsprechend offen ist man für feministische Ideen und Ziele.

Wicca-Kult: Hexerei heute

Wie die feministische Spiritualität und Theologie ist der Wicca- oder Hexenkult Ausdruck einer spezifisch weiblichen Religiosität und wird mehrheitlich von Frauen – aber auch einigen wenigen Männern – praktiziert. Das Wort »Hexe« kommt vom althochdeutschen *hagazussa* (»Zaunreiterin«). Der Glaube an Hexerei ist ein Phänomen, das es weltweit und zu allen Zeiten gegeben hat und gibt. Dabei werden Hexen und Hexer durchweg negativ gewertet. Man wirft ihnen vor, sie seien mit dem Bösen im Bund und in der Lage, durch magische Praktiken Schadenszauber auszuüben, man gibt ihnen die Schuld an Unglück, Unfällen etc. und verfolgt sie. Hexenverfolgung kann als eine Art von Konfliktbewältigung gesehen werden, sowohl in sozialer als auch psychologischer Hinsicht. So sind Hexerei und Hexenverfolgung häufig in bäuerlichen Gesellschaften

»Hexensabbat auf dem Blocksberg« (aus J. Praetorius, *Bloks-Bergs Verrichtung*, 1669).

anzutreffen, die durch soziale Abhängigkeiten und begrenzte Ressourcen geprägt sind. Individuelle Ängste, Frustrationen und Aggressionen können – vor allem in Krisenzeiten – Auslöser für Hexenverfolgungen sein. Hexen haben so fast immer die Funktion eines Sündenbockes.

Hexen (Francisco de Goya, Reizende Herrin, *Caprichos* Nr. 68, 1793/98).

In Europa kam es in der Zeit vom 14. bis zum 18. Jh. immer wieder zu Hexenverfolgungen, Höhepunkt war das späte Mittelalter und die frühe Neuzeit, in Deutschland das 16. bis Mitte des 17. Jh. Die Hexenverfolgung erreichte die Ausmaße eines Massenmordes, mindestens 100.000 wurden hingerichtet. Wurde eine Person als Hexe (seltener als Hexer) denunziert, so kam es zu einem Inquisitionsprozess, der fast immer mit einer Hinrichtung endete, da man unter Folter jedes Geständnis erpressen konnte. Die Hauptvorwürfe waren Schadenszauber (ein Relikt davon ist noch das heutige Wort »Hexenschuss«) sowie der Bund und Geschlechtsverkehr mit dem Teufel. Nach dem Volksglauben trafen sich die Hexen zum Hexensabbat; sie flogen dorthin, feierten sexuelle Orgien und schlachteten Kinder. Das grundlegende Buch der Hexenverfolgung war der *Hexenhammer* (*Malleus Maleficarum*) von 1487, verfasst von den Dominikanermönchen Heinrich Institoris und Jakob Sprenger. Es gab zwar auch Proteste Einzelner gegen die Hexenverfolgungen, die aber nicht viel ausrichteten.

Der moderne Wicca-Kult knüpft an die historischen Hexen an. Dabei werden die Hexen aber positiv als weise und heilkundige Frauen und ihre »Hexerei« als geheimes, magisches Wissen umgedeutet. Das Wort »Wicca« leitet sich, ebenso wie *witch* (»Hexe«) von dem altenglischen Verb *wiccian* (»hexen«) ab. Vorreiter des

Wicca-Kultes waren volkskundlich interessierte Gruppierungen im England des 19. Jh. Die Entstehung des modernen Wicca-Kultes ist verbunden mit den Büchern von Charles Leland (*Aradia or the Gospel of the Witches*, 1899, über die Überreste des italienischen Hexenkultes), Margaret Murrey (*The Witch Cult in Western Europe*, 1921), Robert Graves (*The White Goddess*, 1947) und vor allem Gerald B. Gardner (1884–1964), dessen Buch *Witchcraft today* (1959) noch heute für den Kreis der Gardnerian Wicca maßgebend ist. Die Anthropologin M. Murray stellte die These auf, dass die Hexen die weisen Frauen der »alten Religion« Europas waren, die im geheimen Untergrund ihr Wissen weitergaben, im Mittelalter und vor allem in der Neuzeit durch das Christentum verfolgt wurden, deren Tradition aber letztlich bis heute überlebt habe. Diese Hexen verehrten eine Göttin und einen gehörnten Gott (von den christlichen Verfolgern als der Teufel angesehen). Ob es eine solche geschichtliche Kontinuität der historischen Hexen bis heute gegeben hat, ist unklar und nicht eindeutig belegt. Ch. Lelands Buch *Aradia* ist eine Beschreibung magischer Traditionen, die Leland angeblich von der Hexe Maddalena aus Italien erhielt. Gardner, der von Crowley und Graves beeinflusst war, verfasste mehrere

Eine »weiße« und eine »schwarze« Hexe (Holzschnitt).

Bücher zum Hexenkult (*High Magic Aid*, 1949; *Witchcraft Today*, 1954, *The Meaning of Witchcraft*, 1959) und versuchte so die »alte Religion« wiederzubeleben.

Sybill Leek war in in den 1960er Jahren die bekannteste Hexe in England.

Die meisten Wicca-Gruppen entstanden erst ab den 1950er Jahren und erlebten vor allem in den 1960er und 1970er Jahren großen Zulauf. Als Gardner 1964 starb, folgte ihm 1965 der Engländer Alexander Saunders (gestorben 1988) als »König der Hexen«. Aber nicht alle waren mit Saunders einverstanden, und so kam es zur Aufteilung in die »Gardnerian Wicca« und die »Alexandrian Wicca«. Eine weitere heute wichtige Wicca-Gruppe ist die Dianic Wicca, die ganz feministisch ausgerichtet ist. Inzwischen wird der Wicca-Kult auch zunehmend ohne Mitgliedschaft im Zirkel individuell praktiziert auf der Grundlage entsprechender Bücher und mit Hilfe des Internets.

Der Wicca-Kult in England und den USA war prägend für die Wicca-Szene in anderen Ländern und dort gab es auch die in der Öffentlichkeit bekanntesten Hexen, wie Sybill Leek, Starhawk, Szuszanna Budapest oder die »Offizielle Hexe von Los Angeles«, Louise Huebner. Nach wie vor entstehen auch heute immer wieder neue Wicca-Gruppen, so dass die Situation zunehmend unübersichtlich wird. Die Hauptrichtungen des Wicca-Kultes sind:

- Gardnerianer (auf Gerald Gardner zurückgehend),
- Alexandrianer (auf Alex Saunders zurückgehend, die Bezeichnung vereint seinen Namen mit dem der Stadt Alexandria),
- Dianiker (feministisch ausgerichtet und auch politisch aktiv) und die
- Algard-Tradition (von Mary Nesnick in New York in den 1970er Jahren begründet, die sowohl Elemente der Gardnerianer als der Alexandrianer aufgenommen hat).

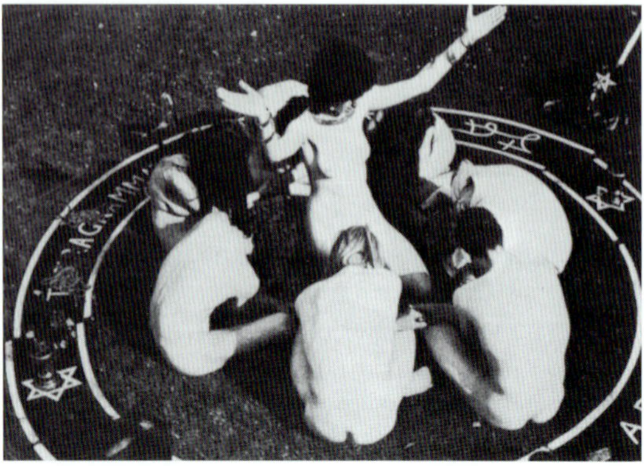

Wicca-Ritual mit der Hohenpriesterin in der Mitte des Kreises.

Daneben gibt es einige Gruppen, deren Name schon die Ausrichtung angibt, so die Keltischen Hexen, die Nordischen Wicca und die Schamanistischen Wicca.

Die genannten Richtungen des Wicca-Kultes bestehen wiederum aus kleinen Gruppierungen und Gruppen, die nicht hierarchisch gegliedert sind und sich auszeichnen durch die besondere bzw. gleichberechtigte Rolle der Frau, die Verehrung der Natur und Aktivitäten im ökologischen und politischen Bereich. Viele der Mitglieder rekrutierten sich aus der Frauenbewegung. Die einzelnen Wicca-Gruppen bestehen aus zwölf Frauen (seltener auch Männern) und einer Priesterin, also 13 Mitgliedern, und werden »Coven« genannt. Für die Mitglieder gibt es drei Weihegrade, danach ist man Priesterin/Priester, kann die Rituale selbst durchführen und einen eigenen Coven gründen.

Einer der wichtigsten Ritualtexte ist *Der Ruf der Göttin*, der aus überlieferten Fragmenten in den fünfziger Jahren von Doreen Valiente neu geschrieben wurde: »Der Hohepriester spricht: Hört nun die Worte der Großen Mutter, die von altersher von den Menschen gerufen wurde als Artemis, Astarte, Athene, Diane, Melusine, Aphrodite, Cerridwen, Dana, Arianrhod, Isis, Bride und mit vielen Namen mehr. Die Hohepriesterin spricht: Wann immer ihr einer Sache bedürft, einmal im Monat und am besten bei Vollmond sollt ihr euch an einem verborgenen Ort versammeln und mich in meinem Geist verehren, die ich die Königin aller Hexen bin.«

Die meisten Symbole wurden von der historischen Hexentradition übernommen, so Katze, Eule (Uhu), Rabe und Salamander als Tiere (auch als Totemtiere interpretiert) sowie Mistel und Holunder als Pflanzen der Hexen und ferner Glaskugel, Athame (rituelles Messer) und Kelch als Utensilien.

Spiritismus und Channeling: Nachricht aus dem Jenseits

Spuk und Telepathie waren schon in der Romantik beliebte Themen. Die Geschichte des Spiritismus beginnt 1848 in Hydesville/USA: Die Töchter der Familie Fox empfingen Klopfzeichen und begannen bald, mit Geistwesen zu kommunizieren. Das Beispiel machte Schule und fand in den USA überall Nachahmer: Es fanden Séancen statt, bei denen die Teilnehmer an einem Tisch saßen und die gerufenen Geister sich durch Klopfen oder Bewegungen des Tisches kundtaten. Oder die gerufenen Geister sprachen durch eine dafür besonders empfängliche, dabei meist in Trance befindliche, Person, das sogenannte Medium. Die Geister sprachen durch bzw. mit der Stimme des Mediums oder sie schrieben Briefe mit Hilfe von Planchettes (s. Abb. S. 89 oben), handgroßen Scheiben mit kleinen Rädern und einer Halterung für den Stift. Seine weltweite Verbreitung verdankt der Spiritismus Werken wie *Das Buch der Medien* und *Das Buch der Geister* von Alan Kardec (eigentlich H. L. D. Rivail, 1804–1896). Kardec, der heute noch vor allem in Brasilien viele

Magische Rituale

Der Wicca-Kult unterliegt einer Arkandisziplin, der Geheimhaltung, und ist vor allem durch Magie und Rituale gekennzeichnet. Man feiert die Feste nach dem »Mondjahr«, das aus 13 Monaten besteht, wobei die Zahl 13 auch bewusst als antichristliches Symbol verstanden wird. Es gibt zwar auch Sonnen-Rituale, aber wichtiger und entscheidender sind die Versammlungen und die – häufig nackt und somit naturnah vollzogenen – Rituale in Vollmondnächten, bei denen man durch Opfer, Gebete etc. die Göttin (oder den Gott) anruft und in sich aufnimmt. Man kennt acht Feste im Laufe des Mondjahres, die meist mit den altkeltischen Namen bezeichnet werden:

2. Februar: Imbolc (»heilige Hochzeit« von Gott und Göttin)
21. März: Ostara (Frühjahrs-Tagundnachtgleiche)
30. April / 1. Mai: Beltane (Walpurgisnacht)
21. Juni: Litha (Sommer-Sonnenwende)
31. Juli: Lughnadadh
23. September: Mabon (Herbst-Tagundnacht gleiche)
31. Oktober/1. November: Halloween (Fest der Toten)
21. Dezember: Yule (Winter-Sonnenwende)

Anhänger hat, sah den Spiritismus als Philosophie und Religion an.

Im Spiritismus (von lateinisch *spiritus*, »Geist«) wird der Kontakt mit Geistwesen (oft den Geistern Verstorbener) aus der jenseitigen Welt praktiziert. Die Geister aus dem Jenseits sprechen durch ein Medium in Trance oder teilen ihre Botschaft durch Gläserrücken, Planchette oder Quija-Brett mit. Bei der Transkommunikation teilen sich die Geister auf dem Weg der modernen Kommunikationstechniken (Radio, Tonband, Video, Telefon oder PC) mit. Beim Channeling empfängt ein dafür besonders prädestiniertes und oft dadurch bekannt gewordenes Medium die Botschaft der Geister.

Der klassische **Spiritismus** wird in Kleingruppen praktiziert. Grundlage ist die spiritistische Vorstellung, dass sich beim Tod des Menschen der physische und der geistige Körper trennen. Der geistige Teil des Menschen geht in die jenseitige bzw. geistige Welt (»Sommerland« genannt) ein, wo es verschiedene Bereiche für jeweils Gleichgesinnte gibt und wo auch verstorbene Verwandte und Bekannte zusammentreffen. Die Frage, ob und wie eine Wiederverkörperung erfolgt, wird im Spiritismus unterschiedlich beantwortet. Den Menschen stehen Schutzgeister (*spirit guides*) und Hilfsgeister (*spirit helpers*) zur Seite. Durch Begabung oder Erlernen ist bestimmten Menschen schon während des irdischen Daseins die Wahrnehmung von Phänomenen der geistigen Welt möglich, wie Hellsichtigkeit, Hellhörigkeit und Hellfühligkeit, was als Medialität bezeichnet wird. Diese Wahrnehmung kann optisch, akustisch, taktil und intuitiv als Gefühl oder Wissen erfolgen. Während früher das Medium unbewusst in Trance in Kontakt mit dem Jenseits trat, geschieht dies heute meist mental bei Bewusstsein oder in leichter Trance und intensiver Konzentration. Es ist auch möglich, dass Schutz- oder Hilfsgeister wie White Eagle, Seth oder die Ramala-Lehrer durch ein Medium sprechen. Die Offenbarungen einiger Schutzgeister wurden durch Bücher bekannt. Geistheilung erfolgt durch die Übertragung von Energie aus der geistigen Welt über den Heiler in den Körper des Kranken.

Die Ausgangsbasis des Spiritismus ist unverkennbar christlich, die Theorien sind stark von der Theosophie beeinflusst. Die Bandbreite des Spiritismus reicht von einfacher, durch Sensationslust geprägter Geisterbeschwörung bis hin zur ernsthaften, religiösen Theorie – oft als »Spiritualismus« von der trivialen Form unterschieden. Interessanter als die Frage, was an den Einzelfällen des Spiritismus wahr oder nicht wahr ist, erscheint die Diskussion, die darüber geführt wurde und schließlich zur Entstehung der heutigen Parapsychologie führte, die versucht, mit empirisch-wissenschaftlichen Methoden übersinnliche Phänomene zu erforschen. Verbreitet ist der Spiritismus heute besonders in England, wo in jeder größeren Stadt spiritistische Gemeinden existieren. Als Beispiele spiritistischer Vereinigungen sind zu nennen die »Spiritualist National Union«, »Greater World Christian Spiritualist League« und »Spiritualist Association of Great Britain«.

Unter **Channeling** (von *channel*, »Kanal« für Botschaften aus dem Jenseits) versteht man eine Methode der Kontaktaufnahme mit Geistern in einem veränderten bzw. höheren Bewusstseinszustand. Es ist eher der einfacheren Form des Spiritismus zuzurechnen. Als erste Vertreter sind die Theosophen wie Helena P. Blavatsky und A. Bailey zu nennen, weiterhin Edgar Cayce (1877–1945), Jane Roberts (1929–1984), die angab, Botschaften von Seth zu erhalten, Helen Schucman, die angab, Botschaften von Jesus zu erhalten, bis hin zu gegenwärtigen Vertretern wie Varda Hassalmann in Deutschland oder Shirley MacLaine und J. Z. Knight in den USA, die ihre Erfahrungen in Talkshows präsentierten.

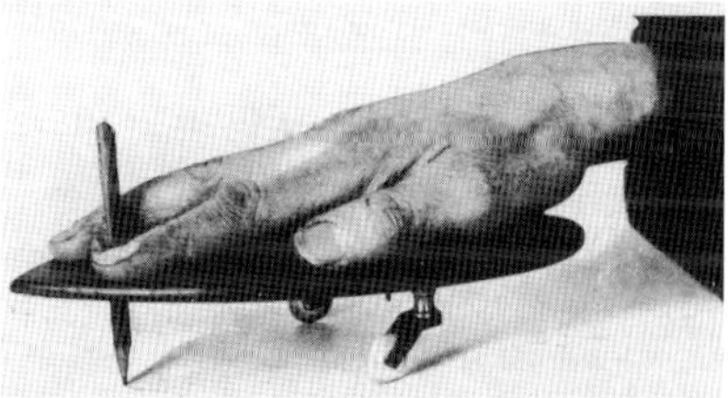

Planchette, eine handgroße Scheibe mit Rollen und Stifthalterung. Das Medium legte die Hand darauf und empfing die Botschaft der Geister, die mit Hilfe der Planchette direkt und »automatisch« niedergeschrieben wurde.

Spiritistische Sitzung (Abbildung aus *Fotografie di Fantasmi* von E. Imoda, 1912)

Einheit in der Vielfalt: Ganzheitliche Weltsicht und Analogiedenken

Die Esoterik geht von einer Einheit von Kosmos, Welt, Natur, Mensch und allem Sein aus. Die Erscheinungen in dieser Welt in all ihrer Vielfalt sind miteinander verbunden, alles ist beseelt und belebt und in allem ist das Absolute oder die göttliche Energie präsent. Dieses auch Holismus oder Monismus genannte ganzheitliche Denken ist eines der wesentlichen Prinzipien des esoterischen Weltbildes. Hinter der materiellen Vielfalt der Erscheinungen wird eine absolute Einheit gesehen und jedes Einzelne steht in einem Bezug zum Ganzen. Dieses Ganze ist sinnvoll geordnet. Die Erkenntnis dieser harmonischen Einheit und der Aufgaben der Einzelwesen in dieser großen Ordnung ist als Sinnerfüllung für die Esoterik ein wichtiges Ziel.

Daraus ergibt sich ein Analogiedenken, ein Entsprechungsdenken, wobei das Einzelne in Bezug zum Ganzen gesetzt wird. So entspricht der Mikrokosmos (z. B. der Mensch) dem Makrokosmos: »Was unten ist, ist gleich dem, was oben ist; und was oben ist, ist gleich dem, was unten ist, um die Wunder des Einen zu vollbringen«. Dieser Grundsatz aus der *Tabula Smaragdina* (s. S. 37f.) kennzeichnet das esoterische Denken. Erscheinungen und Ereignisse im Kosmos, in der Welt, in der Natur und im Leben des Menschen entsprechen einander. Diese Analogien gilt es für den Esoteriker zu erkennen und zu deuten, um danach seine Handlungen auszurichten (etwa mit Hilfe von Tarot oder Astrologie), und diese Entsprechungen bilden die Grundlage des esoterischen Denkens. Damit unterscheidet sich das esoterische wesentlich vom wissenschaftlichen Weltbild, das von dem Prinzip der Ursache und Wirkung, also dem Kausaldenken ausgeht.

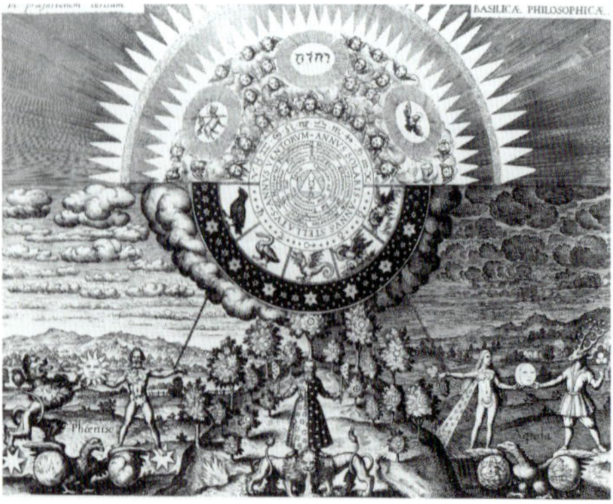

Allegorische Darstellung der Einheit und Entsprechung von Mikrokosmos (Mensch, Natur und Erde) und Makrokosmos (Weltall mit Tierkreis, Engeln und der göttlichen Dreieinigkeit, die jeweils in den oberen drei Kreisen dargestellt ist, im obersten Kreis steht der Gottesname »Jahwe« geschrieben (aus dem *Opus medico* von Johann Mylius, Frankfurt 1618).

Die guten und bösen Engel von William Blake (um 1793–94), der sich damit auf Jakob Böhmes Betonung der letztendlichen Einheit der Polarität von Himmel und Hölle sowie Körper und Seele bezieht. W. Blake war esoterischer Maler und Dichter.

Damit verbunden spielt auch dualistisches Denken eine entscheidende Rolle. Dualismus und ganzheitliches Denken bedingen einander und hängen miteinander zusammen, insofern die Gegensätze sich letztendlich wiederum vereinen. Bekanntestes Beispiel dafür ist das chinesische Konzept von Yin und Yang (s. S. 53), die als Grundprinzipien die Gegensätze von weiblich – männlich, Dunkelheit – Licht sowie Passivität – Aktivität symbolisieren. Yin und Yang ergänzen sich und ergeben zusammen eine Einheit. Ziel des Esoterikers ist dementsprechend der Ausgleich der Gegensätze und letztlich die Vereinigung mit dem Absoluten, dem Göttlichen. Dieser »Zusammenfall der Gegensätze« (lateinisch *coincidentia oppositorum*) wird häufig im Bild der sexuellen Vereinigung von Mann und Frau symbolisiert, so etwa im Tantrismus (s. S. 47).

Das Göttliche und der Mensch: Seele, Chakra und kosmische Evolution

Esoterik versteht sich als spiritueller Erkenntnisprozess. Es geht der Esoterik um die Erkenntnis des Tranzendenten und des Göttlichen und diese spirituelle Ausrichtung unterscheidet sie von der Philosophie und geht über reine Lebenspraxis hinaus. Im Zentrum des esoterischen Erkenntnisprozesses steht kein personaler Gott, sondern das impersonale Göttliche bzw. das Absolute, das Geistige oder – wie es heute meist bezeichnet wird – die göttliche Energie. Das Absolute ist im Kosmos, in der Welt und in allem Sein einschließlich des Menschen präsent, das heißt, das Absolute ist letztlich mit der Welt und allem Sein identisch.

Wie der Mensch ist alles, der ganze Kosmos, belebt, beseelt und mit göttlicher Energie ausgestattet. Kosmos und Welt (einschließlich Mensch und Lebewesen) entstanden durch die Emanation bzw. Vervielfältigung oder Manifestation des Göttlichen. Der Kosmos ist nicht nur das Weltall, sondern die Manifestation des Göttlichen und die göttliche Ordnung schlechthin, die durch ein Gesetz (Tao in China, Dharma im Hinduismus und Buddhismus, Maat im alten Ägypten etc.) bestimmt wird. Ziel des Esoterikers ist es, die göttliche Eigenschaft des Kosmos, seine Entstehung, seine Ordnung und sein Gesetz sowie die Wechselwirkung mit dem Mikrokosmos Mensch zu erkennen.

Die Welt, die Lebewesen und der Mensch sind somit einerseits göttlich bzw. mit dem Göttlichen identisch, denn sie sind aus dem Göttlichen entstanden. Andererseits unterscheiden sie sich von dem Göttlichen und stehen ihm als Einzelwesen gegenüber, weil sich das Göttliche entfernt bzw. zurückgezogen hat. Der Mensch muss sich seines göttlichen Ursprunges erst wieder bewusst werden – durch Bewusstseinserweiterung bzw. einen spirituellen Erkenntnisprozess (Transmutation). Die Evolution und die Geschichte der Menschheit, der Erde und des Kosmos ist ein Prozess der Selbstbewusstwerdung des Göttlichen. Der Mensch spielt darin aufgrund seiner Erkenntnisfähigkeit im Unterschied zu anderen Wesen (auch den Engeln) die entscheidende Rolle. Somit wird letztlich durch den Menschen die kosmische Entwicklung vorangetrieben. Die sogenannten Urprinzipien wie die Elemente, die Tierkreiszeichen, die Sefirot der Kabbala, die Arkana des Tarot symbolisieren die verschiedenen Aspekte des Göttlichen.

Neben der göttlichen Energie ist für den Esoteriker auch der Glaube an viele geistige Wesen (Geister, Schutzgeister, *spirit guides*, Engel, etc.) wichtig, mit denen man versucht, oft durch ein Medium, in Kontakt zu treten. Sie haben Schutz-, Führungs- und / oder Lehrfunktion. Vor allem im Spiritismus und im Schamanismus spielen sie eine wichtige Rolle.

Das Menschenbild der heutigen Esoterik wurde – in vereinfachter Form – von der Theosophie und der Anthroposophie übernommen, aber auch die Psychologie C. G. Jungs spielt eine wichtige Rolle. Danach besteht

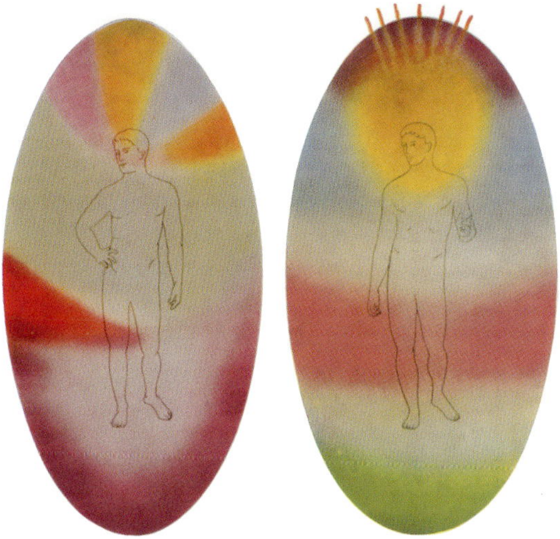

Der Mentalkörper eines durchschnittlichen Menschen in der Abbildung seiner Aura (links) und der Mentalkörper eines geistig Fortgeschrittenen (aus dem *Aurabuch* von Peter Michel).

der Mensch einerseits aus dem »höheren Selbst« (ein von Jung geprägter Begriff), das Anteil am Göttlichen hat und auch als »Geist«, »Atman« oder »Geistfunke« bezeichnet wird, und andererseits aus dem Ego, der niederen Persönlichkeit. Das Ego wiederum wird (auf Rudolf Steiners Konzept zurückgehend) unterteilt in den Mentalkörper (Verstand, Denken – nur dem Menschen eigen), den Astralkörper (Gefühlskörper, einschließlich der Träume und Leidenschaften – auch den Tieren eigen), den Ätherkörper (Lebensträger bzw. -kraft, gekennzeichnet durch Form und Wachstum – auch den Tieren und Pflanzen eigen) und schließlich den stofflichen Körper (physischer Körper bzw. die materielle Basis – auch den Tieren, Pflanzen und Mineralien eigen).

Eine entscheidende Rolle im esoterischen Menschenbild spielt das Konzept der **Seele** oder Psyche. Schon die unterschiedlichen Bezeichnungen im Griechischen (*psyche, pneuma, thymos, nous*) oder Lateinischen (*anima, animus, mens, spiritus*) weisen auf die generelle Vielfältigkeit des Begriffes hin. Mit Seele wird die Lebenskraft, das Selbst und das individuelle Sein, die immaterielle Essenz, der Geist, das Bewusstsein, die Energie oder Empfindung des Menschen bezeichnet. Diese Unterschiede ergeben sich nicht zuletzt auch dadurch, dass die Seele verschiedenen Aspekten des Menschen, nämlich Gefühl, Empfindung, Bewusstsein, Intellekt oder Wille zugeordnet wird. Weltweit ist die Idee verbreitet, dass die Seele nach dem Tod den Körper verlässt oder dass schon zu Lebzeiten die Seele z. B. im Traum den Körper verlassen kann. Die Esoterik vereint Seelenvorstellungen aus Gnosis, Platonismus, Plotinismus, der Psychologie und der Psychoanalyse. Die Psychologie spricht heute eher von »Psyche«, um den weitgehend religiös vorbelastenden Begriff »Seele« zu vermeiden, und bezeichnet damit das innere Erleben eines Menschen, und zwar sowohl bewusstes als unbewusstes Erleben.

Der Mensch und seine Seele sind Manifestationen des Göttlichen (William Blake, *Albions Tanz,* um 1794).

In der Esoterik gibt es unterschiedliche Seelenkonzepte. Manche unterscheiden zwischen Körper (physisch, materiell) und Seele (immateriell), andere zwischen Körper, Seele (Gefühl und Empfindungen) und Geist, wobei der Geist zum einen als Intellekt bzw. Wille, zum anderen als das »höhere Selbst« (das Atman, der Geistfunke etc.) des Menschen verstanden wird. Durch die Seele oder den Geist (je nach Modell) ist der Mensch mit dem Göttlichen, dem Absoluten bzw. der Weltseele, durch den physischen Körper mit der Materie verbunden. Alles im Kosmos, alle Lebewesen, aber auch die sogenannte »unbelebte« Natur wie Steine besitzt nach esoterischer Vorstellung eine Seele. Die Individualseele des Menschen wird als Teil der Weltseele gesehen und ihr kommt somit nicht nur eine wichtige, sondern geradezu göttliche Funktion zu, so dass letztlich der Mensch selbst göttlich ist. Wichtig ist auch die Idee der Rückkehr der Seele zum Göttlichen. Grundlage dafür sind die platonische Seelenvorstellung der Antike, deren Fort- und Weiterführung in der Philosophie und schließlich die Seelenkonzeption in der Psychologie C. G. Jungs.

Oft gilt der Körper des Menschen als Ausdruck von Seele und Bewusstsein. Mit diesem Menschenbild verbunden ist der Begriff »Feinstofflichkeit«, der den Grenzbereich zwischen Geist und Materie bezeichnet. Häufig wird statt »Feinstofflichkeit« auch von »Energie« oder »Schwingung« (im metaphorischen und nicht im physikalischen Sinne) gesprochen, womit eine Kraft am Rande des Körperlichen, zwischen Gefühl und Körper und zwischen Bewusstsein und Materie, gemeint ist. Andere Bezeichnungen sind Qi, Äther, Magnetismus, Od, Manitu, Mana, Fluidum oder Astrallicht.

Die Chakras im menschlichen Körper (in einer indischen Darstellung).

Ein **Chakra** (Sanskrit, »Rad«) ist ein Energiezentrum im Menschen, wo sich die seelische Energie des Menschen und die kosmische Energie (*kundalini*) treffen und verbinden. Die Idee der Chakras stammt aus dem Hinduismus bzw. Tantrismus. Der menschliche Körper zeichnet sich durch sieben Chakras aus, die im Bereich des Steißbeines (*muladhara*), des Unterleibes (*svadishthanu*), des Nabels (*manipura*), des Herzens (*anahata*), des Halses (*vishudda*), der Stirn (*ajna*) und des Scheitels (*sahasraha*) lokalisiert werden. Durch die Chakras ist der menschliche Körper als Mikrokosmos mit dem Makrokosmos verbunden. Durch entsprechende Übungen wie Yoga können die Chakras »erweckt« und dadurch bestimmte Kräfte des Bewusstseins aktiviert werden. Mit dem vieldeutigen Begriff der **Aura** (lateinisch, »Ausstrahlung«) kann sowohl der Astralkörper gemeint sein als auch die ätherische »Ausstrahlung« bzw. feinstoffliche Bereiche des physischen Körpers, die als Licht- oder Farberscheinung für Geschulte sichtbar sind oder durch sie sichtbar gemacht (Aurafotografie) und analysiert (Auraanalyse) werden können.

Bezüglich der Vorstellung vom **Leben nach dem Tod** ist mehr das *Wie* als das *Wo* entscheidend: nämlich als ein anderer Daseins- oder Bewusstseinsbereich. Der Astralleib bleibt dabei der Bewusstseinsträger, während der physische Körper abgelegt wird. Das »Jenseits« ist identisch mit der Astralebene. Häufig damit verbunden ist die Idee der Reinkarnation, der mehrfachen Wiedergeburt der Seele in einem jeweils anderen Körper, sowie die Idee des Karma, die Vorstellung, dass die Reinkarnation entsprechend den Taten bzw. dem moralischen Verhalten erfolgt.

Esoterische Darstellung des Weiblichen (Sulamith Wülfing, *Der Schoß*).

Dem entspricht das **Modell der kosmischen bzw. geistigen Evolution**, das heißt die Vorstellung von den fortschreitenden Lernerfahrungen, angefangen bei den Mineralien, Pflanzen, Tieren über die Menschen und Engel bis zum göttlichen Urwesen. Für die menschliche Ebene bedeutet dies einen Reifungsprozess, eine Erweiterung des Bewusstseins, die durch Erkenntnis, entsprechende Schulung, Übungen und Praktiken erreicht wird. Man kann diesen Reifungsprozess allein herbeiführen, aber es gibt auch »Meister«, die beim Erwerb der entsprechenden Lernerfahrungen helfen und von denen sich oft esoterische Gruppen ableiten. »Einweihung« oder »Initiation« im Rahmen eines Ordens ist die Beförderung zu einer neuen Lernstufe. Nach esoterischer Vorstellung ist dem Menschen bei entsprechender Schulung und Fähigkeit Zugang bzw. Kontakt zu dieser geistig-seelischen Ebene des Jenseits schon zu Lebzeiten möglich, so etwa den Medien im Spiritismus.

Das **Ziel der Esoterik** wird gemeinhin als das »Große Werk« bezeichnet. Der Begriff entspricht der *unio mystica* (Einheit mit dem Göttlichen) in der Mystik und der »Erleuchtung« in Hinduismus und Buddhismus. Was man sich in der Esoterik konkret unter dem »Großen

Werk« vorstellt, ist sehr verschieden: höhere Erkenntnis und Bewusstseinserweiterung, Vervollkommnung, Selbsterlösung oder Erlösung von außen und letztlich die Einheit mit dem Absoluten. Die Ziele der Esoterik lassen sich so zusammenfassen:

- die Erkenntnis der inneren Zusammenhänge zwischen Mensch, Welt und Kosmos sowie der Welt des »Geistes« hinter den äußeren Erscheinungen – kurz, wie Goethe es formulierte, dessen, »was die Welt im innersten zusammenhält«,
- die Veränderung und Erweiterung des Bewusstseins bzw. der Erfahrungsmöglichkeiten,
- und last but not least die Weiterentwicklung und Vollendung der eigenen Persönlichkeit im Sinne einer Selbsterlösung.

Körper, Sexualität und Frauen
Das Verhältnis der Esoterik zu Körper, Sexualität und Frauen entsprach im Laufe der Geschichte stets dem herrschenden Zeitgeist. In der Geschichte der Esoterik waren (vielleicht mit Ausnahme der Alchemie und der Katharer) fast immer Männer führend und namentlich bekannt, die »weisen Frauen« blieben anonym. Diese Sachlage änderte sich erst mit der Theosophischen Gesellschaft und ihren Leiterinnen (Helena P. Blavatsky, Annie Besant und Alice Bailey) sowie dem Spiritismus und seinen Medien (z. B. Jane Roberts bzw. Seth, Eileen Caddy bzw. Findhorn, Grace Cook bzw. White Eagle). Und schließlich wurde die feministische Bewegung zu einer der Grundlagen des Wicca-Kultes. Beiden geht es um eine spezifisch weibliche Religiosität. In diesen Zusammenhang gehört auch die vor allem von Aleister Crowley propagierte Sexualmagie, die in der sexuellen Kraft die Energiequelle für magische Praktiken sieht, sowie ebenfalls die »natürliche« bis freizügige Einstellung zu Körper und Sexualität im Neuheidentum.

Die Basis esoterischer Weltbilder: Hermetik, Kabbala und Theosophie

Hermetik, Kabbala und Theosophie bilden die Basis esoterischer Weltbilder. Die Systeme sind nicht streng voneinander abgegrenzt, sondern ergänzen sich oder haben sich vermischt. Auch wenn ein Esoteriker auf einen Bereich spezialisiert ist, sind ihm in der Regel die anderen Konzepte nicht unbekannt.

Die **Hermetik** zeichnet sich in ganz besonderer Weise durch das Analogiedenken aus, also durch die Idee der Entsprechung vom Menschen als Mikrokosmos und Welt bzw. Universum als Makrokosmos. Als Basis der Beziehung zwischen Mikro- und Makrokosmos dienen die vier Elemente (Feuer, Wasser, Luft und Erde), die sieben Planeten (Sonne, Mond, Merkur, Venus, Mars, Jupiter, Saturn), die zwölf Tierkreiszeichen und die drei Grundstoffe der Alchemie (Sal, Merkur, Sulfur). Mit Hilfe der Astrologie kann man vom Stand und von der Veränderung der Sterne wie von einer Uhr

Aus der jüdischen Kabbala wurde der Sefirot-Baum in die Esoterik übernommen (Darstellung aus Athanasius Kirchers *Oedipus Aegyptiacus*, 1652/54).

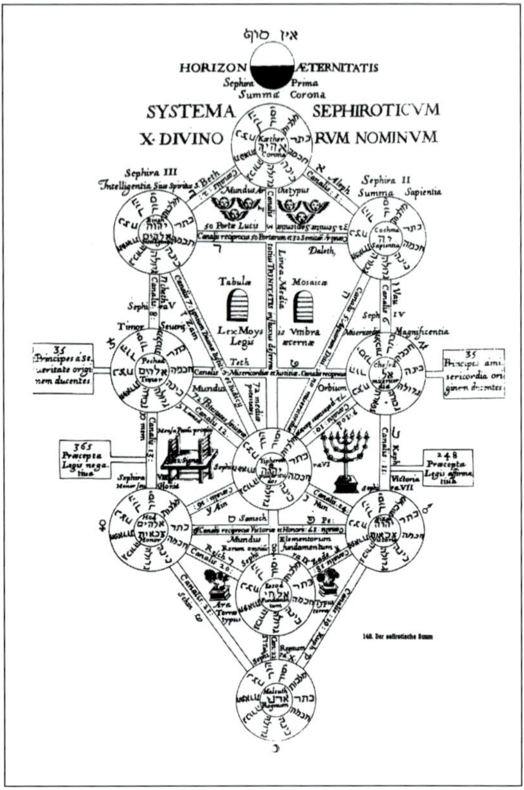

auch die Situation des Menschen und Veränderungen bei ihm ablesen. Die Wirkung der Sterne auf den Menschen steht dabei nicht im Vordergrund. Mit Hilfe der Magie kann man durch symbolhafte Handlungen wie Rituale Veränderungen im Makrokosmos bewirken.

Neben dem Analogiedenken ist für die Hermetik auch die Vorstellung von verschiedenen Wesenheiten kennzeichnend. So gibt es ganze Hierarchien von Engelwesen, Dämonen, Teufeln und Elementarwesen (Salamander, Undinen, Gnome, Sylphen). Ziel der Hermetik ist die im Stein der Weisen enthaltene kosmische Urkraft (Quintessenz, *prima materia*).

Die **Kabbala** liefert mit dem Lebens- bzw. Sefirot-Baum so etwas wie eine Landkarte für die Entwicklung des menschlichen Bewusstseins. Die 10 Sefirot gelten primär als die Erscheinungsformen des Göttlichen. Die 22 Pfade zwischen den Sefirot symbolisieren die 22 Buchstaben des hebräischen Alphabets und wurden von Eliphas Lévi auch mit den 22 Tarottrümpfen gleichgesetzt. Die Sefirot gelten aber dem Esoteriker auch als die einzelnen Stufen der Bewusstseinsentwicklung, anfangen von der untersten *Sefira Malkut* bis hin zur obersten *Sefira Kether*. Jede der zehn Sefirot kann wiederum einen ganzen Sefirot-Baum entfalten, so dass sich damit die verschiedensten Bewusstseinsstufen verdeutlichen lassen.

Der Lebensbaum lässt sich in drei Teile bzw. Grundebenen – bildlich auch als Dreiecke zu sehen – strukturieren: der untere Teil (*Jessod, Hod, Nezach*) symbolisiert den körperlichen Bereich des Menschen, der mittlere Teil (*Tiferet, Gebura, Chessed*) den seelischen Bereich des Menschen und der obere Teil (*Bina, Chochma, Kether*) den geistigen Bereich bzw. das erwachte, höhere Bewusstsein des Menschen. *Malkut* symbolisiert die rein materielle Ebene, *Tiferet* das menschliche Zentrum.

Für die **Theosophie** ist weniger das Analogie-Denken oder Magie und rituelle Praxis von Interesse als vielmehr die menschliche Seele, praktische Ethik und vor allem die Entwicklung von Kosmos und Mensch. Gerade dieses Entwicklungsmodell hat auch für die heutige Esoterik nach wie vor Gültigkeit. Am Anfang eines Weltentages, eines kosmischen Zyklus, emaniert aus dem Absoluten (*atman/brahman*) das Universum. Dies ist ein Vorgang in vielen Etappen und (aus menschlicher Sicht) großen Zeiträumen, von der Urkraft (*Logos*) über die höchsten geistigen Wesenheiten bis hin zur Materie. Die so erstandene Welt ist aber eine Illusion (*Maya*), die sich wieder auflöst am Ende des Weltentages. Alle Wesen (Mineralien, Pflanzen, Tiere, Menschen, Engel, Gottheiten und Urkräfte des Universums) versuchen, immer größere Vervollkommnung zu erreichen. Während der vielen Inkarnationen sammelt die menschliche Seele Erfahrungen und gelangt so zu höherem Bewusstsein.

In der modernen Esoterik gibt es verschiedene Auslegungskonzepte der Kabbala, die z.B. Elemente ostasiatischer Religionen miteinbeziehen und sich so von der ursprünglichen jüdischen Kabbala unterscheiden (zwei Karten aus dem Set »Die Kabbala. Lebensanalyse«)

Unsere heutige Vorstellung von Engeln stammt aus dem Alten Testament und dem Frühjudentum und wurde vom Christentum übernommen. Beeinflusst wurde die jüdische Engelvorstellung von den Religionen der sumerisch-babylonischen Kulturen und der Religion des Parsismus (Zoroastrismus). Die Bezeichnung »Engel« leitet sich von dem griechischen Wort *angelos* (»Bote«, die gleiche Bedeutung hat auch das hebräische Wort *malak* im Alten Testament) ab. Dies weist gleichzeitig auf die wichtigste und primäre Funktion der Engel hin, nämlich den Menschen Botschaften Gottes zu überbringen oder auch diese zu interpretieren (z. B. Genesis 18, 16–33; 18, 10–22). Somit fungierten Engel von Anfang an als Vermittler zwischen Mensch und Gott, zwischen der diesseitigen und jenseitigen Welt. Auch die Idee des Schutzengels ist schon im Alten Testament (Tobias) belegt.

Besonders in den Apokalypsen spielen Engel eine wichtige Rolle (s. S. 27). So erwähnt das Buch Henoch die vier wichtigsten Erzengel. Ihre Namen verweisen gleichzeitig auf ihre Funktion. Uriel (»Feuer Gottes«), Raphael (»Gott heilt«), Gabriel (»Kraft Gottes«) und Michael (»Wer ist wie Gott?«).

Das Konzil von Nicäa (325 n. Chr.) legte fest, dass Engel von Gott geschaffene Kreaturen seien, und grenzte sich damit von der Vorstellung ab, Engel seien Emanationen Gottes. Bei Dionysios Areopagita (um 500 n. Chr.) findet sich erstmals eine systematische Engellehre, die für die Folgezeit einschließlich der Scholastik von maßgebendem Einfluss war. So findet sich sowohl bei Dionysios Areopagita (*Himmlische Hierarchie*) als auch bei Thomas von Aquin (*Summa Theologica*) die Vorstellung einer Hierarchie von neun Engelchören: Seraphim, Cherubim, Throne, Herrschaften, Kräfte, Gewalten, Fürstentümer, Erzengel, Engel (einschließlich Schutzengel).

Der Erzengel Michael in traditionell christlicher Darstellung als Drachentöter (Gemälde von Luca Giordano, Kunsthistorisches Museum, Wien).

Nach der Bibel sind nur Seraphim und Cherubim mit Flügeln (die Seraphim mit vier bis sechs Flügeln!) ausgestattet, ab dem 5. Jh. n. Chr. stellte man sich alle Engel mit Flügeln vor. Die römische Lateransynode von 745 n. Chr. betont ausdrücklich, dass es nur die drei in der

Bibel erwähnten Engelnamen Michael, Gabriel und Raphael gebe, und grenzt sich von Tendenzen ab, eine Vielzahl von Engeln namentlich zu verehren. Viele der mittelalterlichen Mystiker wie Meister Eckart, Heinrich Seuse, Johannes Tauler, Franz von Assisi, und vor allem auch Frauen wie Hildegard von Bingen, Herrad von Landsberg, Mechthild von Hackeborn, Gertrude von Helfta oder Theresa von Avila beschrieben ausführlich Engel oder berichten von Engelerscheinungen. Der beliebteste und am meisten verehrte Engel war Michael, Begleiter der Seelen der Toten, in Ritterrüstung mit Speer und Schild, meist mit einem Drachen oder Dämon kämpfend, dargestellt.

Bis heute sind Engel in den Gebeten der Kirche, vor allem auch in der Eucharistiefeier, präsent (Sanctus, Ave Maria etc.). Dennoch haben die Engel im Christentum heute viel von ihrer einstigen Bedeutung eingebüßt. Ausnahmen sind die Volksfrömmigkeit und Engelerscheinungen, wie sie etwa Gabriele Bitterlich (1896–1978) oder Padre Pio (1887–1968) berichten.

Im esoterisch-spiritualistischen Bereich dagegen spielen Engel nach wie vor eine wichtige Rolle, so etwa bei Agrippa von Nettesheim, Jakob Böhme, Friedrich Christoph Oetinger, Heinrich Jung-Stilling, Emanuel von Swedenborg, Helena P. Blavatsky und Rudolf Steiner. Nach Agrippa von Nettesheim verleiht die namentliche Anrufung von Engeln und Dämonen den Menschen die Herrschaft über die Natur. Die Aufgabe der Engel ist es nach Böhme, Gott in der Herrschaft über die Welt zu unterstützen. Für Emanuel Swedenborg waren die Engel die vom Tod wiederauferstandenen Menschen, die dann – je nach irdischem Dasein als Mann oder Frau – entsprechend männlich oder weiblich sind. Blavatsky und Steiner berichten von Visionen und Offenbarungen von jenseitigen Wesen. Steiner stellte eine umfangreiche Systematik von Engeln und Geistwesen auf, die er in drei Hierachien und neun Klassen einteilte.

Der Erzengel Michael in moderner esoterischer Darstellung (Judith Hildebrandt: *Erzengel Michael*).

Mythen, Fantasy und Mystery – esoterische Literatur

Neben Ratgebern und Gebrauchsanleitungen für esoterische Praktiken ist die belletristische Literatur ein bedeutendes Medium, durch das esoterische Vorstellungen einer breiten Öffentlichkeit vermittelt werden. Dabei ist diese Literatur nicht immer als trivial einzuordnen. So beweist Goethes *Faust* ebenso wie Werke von Hermann Hesse (vor allem *Steppenwolf*) oder J.R.R. Tolkiens *Herr der Ringe*, dass auch Weltliteratur esoterisch gedeutet werden kann.

Ebenso wie das Einhorn ist der Drache nicht nur in der Fantasy-Literatur beliebt, sondern auch als Glücksbringer (nach chinesischem Vorbild) in der Esoterikszene geschätzt.

In neuerer Zeit haben sich Fantasy und Mystery zu eigenen und sehr erfolgreichen Literaturgattungen entwickelt. Thematisch werden dabei zum einen Mythen und Legenden aufgenommen und verarbeitet, wie die Grals- und Artus-Tradition (s. S. 42) in Marion Zimmer Bradleys Roman *Die Nebel von Avalon*. Zum anderen sind Zeitreisen, das Zusammentreffen zweier historisch verschiedener Kulturen, beliebt. Geläufig ist auch das Motiv der Begegnung mit übermenschlichen Kräften, Fähigkeiten oder außergewöhnlichen Phänomenen oder Vorgängen. Dies alles wird vermischt mit Elementen der Komödie, des Kriminal-, Abenteuer- oder Liebesromanes. Zu den derzeit populären Autoren zählt Dan Brown (s. S. 105) ebenso wie Diana Gabaldon, Diana Wood oder Hans Hohlbein.

Beispielhaft seien hier zwei der erfolgreichsten »Grundlagenwerke« angeführt, das von Carlos Castañeda und das von Marion Zimmer Bradley. Carlos Castañeda und sein Werk wurden maßgebend für den Neoschamanismus und Marion Zimmer Bradley und ihr Roman *Die Nebel von Avalon* maßgebend für das neuheidnische Keltentum.

Carlos Castañeda (1925–1989) gelang mit seinen Werken ein enormer Verkaufserfolg und mit *Journey to Ixtlan: The Lessons of Don Juan (Reise nach Ixtlan. Die*

Lehren des Don Juan, 1972) sogar der Erwerb des Doktortitels an der University of California. Begann die Wirkungsgeschichte Castañedas zunächst in akademischen Kreisen der USA, so fanden seine Werke schnell Eingang in die Alternativ- und Drogenszene, vor allem aber in die Esoterik- und New-Age-Bewegung in Westeuropa. Er kann als *der* Vermittler schlechthin gelten, durch den indianische Religiosität und der Schamanismus Eingang in die Esoterik fanden und eine regelrechte Schamanismuswelle auslösten. Nahmen anfangs auch Ethnologen Castaneda als »Kollegen« ernst, stellte sich bald heraus, dass seine Werke nicht wissenschaftliche, sondern fiktionale Literatur sind.

Carlos Castañedas *Reise nach Ixtlan* erschien 1972. Vor allem durch dieses Buch fanden indianische Spiritualität und Schamanismus Eingang in die Esoterik. Bereits 1968 erschien *Die Lehren des Juan. Ein Yaquí-Weg des Wissens.*

Castañeda beschreibt in seinen Werken, wie er bei ethnologischen Feldforschungsaufenthalten in der Sonora-Wüste Nordmexikos zum Schüler des (fiktiven) Yaquí-»Zauberers« Don Juan wird. Er erfährt eine mehrjährige Lehrzeit (1961–1965 und 1968–1970), um eine »andere Wirklichkeit«, magisches Wissen sowie magische Kraft zu erlangen und ebenfalls ein Zauberer zu werden. Diese Lehrzeit besteht zunächst in der Einführung in den Gebrauch vor allem des Halluzinogens Peyote (*Lophophora williamsii*, eine Kaktee), aber auch in drogenfreie Techniken, um eine »andere Wirklichkeit« zu erfahren. Hintergrund ist eine (auf Wittgenstein und buddhistische Philosophie zurückgehende) Wahrnehmungstheorie, die zwischen einer alltäglichen und einer nicht-alltäglichen, magischen Realität differenziert. Das Alltagswissen des Menschen ist danach eine durch die jeweilige Gesellschaft vorgegebene, interpretierte Wahrnehmung, eine »Beschreibung« der Welt. Das Wissen des »Zauberers« besteht darin, wie man zunächst mit »Kraftpflanzen« und dann allein mit dem Willen in den Zustand der »an-

Der Peyote-Kaktus enthält ein Halluzinogen. Die durch den Verzehr dieser Kaktee ausgelösten Visionen beschreibt Castañeda.

Der Roman *Der Herr der Ringe* von J. R. R. Tolkien erzählt in epischer Breite vom Kampf des Guten gegen das Böse. Auch die Verfilmung war ein großer Erfolg (hier der Zauberer Gandalf).

deren« Realität gelangt und dieses Wissen nutzt.

Ein Vergleich des »Zauberers« Don Juan mit einem traditionellen Schamanen zeigt: Das Wissen oder die »Lehre« Don Juans ist eine philosophische Theorie und kein praktisches Schamanenwissen wie der Umgang mit Geistern, Krankenheilung etc., das für den Leser weniger attraktiv wäre. Die Peyote-Erfahrungen Castañedas geben mehr die Halluzinationserfahrungen des Drogengebrauchs in der westlichen Kultur wieder, als dass sie den Visionen der schamanistischen Ekstase ähneln. Don Juan tritt immer allein, nie im Kontext der Yaquí-Gemeinschaft auf. Gerade die Gemeinschaft ist aber der eigentliche Tätigkeitsbereich eines Schamanen. Dementsprechend fehlt bei Castañeda auch der rituelle Kontext des Schamanismus. Die ganz große Zeit Castañedas ist zwar vorbei, aber er ist immer noch präsent als Gewährsmann für Schamanismus, auf den sich viele Esoteriker beziehen. Castañeda ist nach wie vor deshalb so attraktiv, weil er in scheinbarer Authentizität einen Zugang zum Geheimnis des Schamanentums zu erschließen vorgibt. Er fand auch im belletristischen Bereich viele Nachahmer, so etwa Lynn Andrews.

Marion Zimmer Bradley (1930–1999) greift in ihrem Roman *Die Nebel von Avalon* auf die Traditionen und Legenden um die Tafelrunde von König Artus und den Gral zurück. Kennzeichnend ist hier die Umkehrung der Perspektiven: Nicht aus Männer-, sondern aus Frauensicht, nicht aus christlicher, sondern aus heidnischer Sicht wird die Handlung erzählt. Entsprechend stehen nicht Artus und Camelot, sondern Morgaine und Avalon im Zentrum des Geschehens. Morgaine erscheint nicht als böse Gestalt, sondern positiv als weise Frau mit besonderen Fähigkeiten, als Priesterin der »Großen Göttin«, die das Heidentum bzw. die Naturreligion vertritt. Auch der Gral und das Schwert Excalibur gelten als heidnisch, nicht als christlich. Der Sieg des Christen-

Die Gralslegende aus heidnisch-keltischer Sicht: *Die Nebel von Avalon* von Marion Zimmer Bradley.

Die *Harry-Potter*-Romane von Joanne K. Rowling, sozusagen Esoterik für Kinder bzw. Anfänger, finden auch unter Erwachsenen ein begeistertes Publikum.

tums als Sieg des Bösen und der Untergang des Heidentums werden bedauert. Zimmer Bradley setzte die Geschichte der *Nebel von Avalon* in weiteren Romanen fort. Sie war einerseits vom Keltenbild der Esoterikszene beeinflusst, andererseits ist ihr Einfluss auf die Esoterik bis heute bedeutend.

Weitere Bestseller in der Nachfolge von Castañeda oder Zimmer Bradley sind in der Esoterikszene bisher ausgeblieben. Große Popularität genießen heute Bücher und Filme, die esoterisches Gedankengut mit mythischen Abenteuergeschichten kombinieren: Zu erwähnen sind hier vor allem Kultfilme wie *Matrix*, *Harry Potter* oder *Der Herr der Ringe*. Harry Potter, durch die Bücher von Joanne K. Rowling (geb. 1965) ebenso wie durch die Verfilmungen bekannt, kann als Cross-over-Literatur bezeichnet werden – ursprünglich für Kinder gedacht, und dann auch bei Erwachsenen über alle Maßen erfolgreich. Thema von J. R. R. Tolkiens Werk *Der Herr der Ringe* ist der Kampf (und der Sieg) des Guten, vertreten durch die Menschen, die Hobbits und die Elfen, gegen die Mächte des Bösen unter Führung von Sauron, dem »dunklen Herrscher« um den Ring Saurons. Aktuelle Bestseller sind die Romane von Dan Brown (geb. 1964), *Angels and Demons* (2000, deutsch *Illuminati*) und *The Da Vinci Code* (2003, *Sakrileg*). Beide sind als »esoterische« Thriller einzuordnen, in denen die Protagonisten durch die Aufschlüsselung symbolischer Botschaften im wahrsten Sinn des Wortes zur »Erkenntnis« der Hintergründe der Mordtat und des Täters gelangen. Vor allem *The Da Vinci* Code ist schon von Thema und Inhalt her (Entschlüsselung des Gralsgeheimnisses) deutlich als esoterisch zu klassifizieren.

Bewusstseinsübungen, Meditation und Yoga

Esoterik ist primär an Praxis und Praktiken und weniger an Theorien oder gar Lehren orientiert. Durch diese Praktiken soll eine Transformation, eine Veränderung und Erweiterung des Bewusstseins und letztlich eine Vervollkommnung der Persönlichkeit erzielt werden.

Eine zentrale Rolle in der Esoterik spielen die **Bewusstseinsübungen**, die ähnlich wie körperliche Übungen als Training für den geistigen Bereich des Menschen zu verstehen sind und auf die Erweiterung des Bewusstseins und des Unbewussten sowie auf das Zusammenwirken beider zielen. Ziel ist es, das Bewusstsein dabei um den vorher unbewussten Bereich zu »erweitern«, um so zur spirituellen Erkenntnis zu erlangen. Dies soll durch Kontrolle, Herabsetzung oder Ausschaltung des Bewusstseins erreicht werden.

Die bekanntesten Beispiele dafür sind Imagination, Trance bzw. Ekstase, Suggestion, Traum und Meditation. Die Imagination ist die Vorstellung innerer – von direkten realen Sinnesreizen unabhängiger – Bilder, wie sie etwa bei Denkvorgängen oder Tagträumen auftreten. Auf Suggestion, der Beeinflussung eines Menschen in seinem Denken, Fühlen und Handeln, die durch ihn selbst (Autosuggestion) oder durch andere (Fremdsuggestion) erfolgen kann, beruhen Hypnose und Trance. Trance ist ein Zustand mit eingeschränktem Bewusstsein und eingeschränkter Kontrolle durch den Willen, bei dem Automatismen (ungesteuerte Motorik)

Durch die Erkenntnis schreitet der Mensch wie auf einer Leiter Stufe für Stufe bis zum Himmel hinauf. Vorbild der hier dargestellten spiralförmigen Treppe war für William Blake der Gehörgang, basierend auf Swedenborg, für den das »Öffnen des inneren Ohres« als Voraussetzung des Kontaktes mit der transzendenten Welt galt (William Blake, Jakobsleiter, um 1800).

Der Weg der Erkenntnis, die auch im Traum erfolgen kann, ist mit den Stufen einer Leiter vergleichbar: Der Erkenntnisprozess beginnt mit der sinnlichen Wahrnehmung und setzt sich über Imagination, Verstand, Einsicht bis zur Meditation fort. In dieser Darstellung ist die Meditation bzw. die Erkenntnis des göttlichen Wortes die letzte Stufe, denn Gott selbst ist nicht erfassbar (Robert Fludd, *Utriusque Cosmi II*, Oppenheim 1619).

vorherrschen. Eine besondere Form der Trance ist die Ekstase (griechisch, das »Außersichsein«), auch als Entrückung bezeichnet, das Erlebnis, dass die Seele aus dem Körper tritt. Die Ekstase spielt in vielen Religionen eine wichtige Rolle und ist ein entscheidendes Kennzeichen des Schamanismus. Die Ekstase kann sich von selbst und spontan einstellen oder aber mit entsprechenden Mitteln (wie Drogen, Askese, Musik, Tanz) hervorgerufen werden. Der Traum besteht aus inneren, visuellen Erlebnisbildern während des Schlafes. Meistens ist das Bewusstsein dabei eingeschränkt oder ausgeschaltet, es gibt aber auch die luziden Träume, bei denen sich der Träumer bewusst ist, dass er gerade träumt. Die Traumforschung hat nachgewiesen, dass dem Traum vor allem eine die Tageserlebnisse verarbeitende Funktion zukommt und ein Zusammenhang besteht zwischen den Traumbildern und den Persönlichkeitsmerkmalen des Träumers. Nicht nur in der Psychoanalyse, auch in der Esoterik gilt der Traum als eine der wichtigsten Zugangsmöglichkeiten zum Unbewussten. Spekulatives Denken spielt ferner eine wichtige Rolle, das heißt die intuitive Erkenntnis, etwa die Lösung eines Problems im Sinne eines Aha-Erlebnisses. Dem spekulativen Denken entspricht die »Schau« der Ideen bei Platon oder die Koan-Technik im Zen-Buddhismus (s. S. 18f., 50).

Meditation und Yoga sind Praktiken der Bewusstseinsübung, die die Esoterik von Hinduismus und Buddhismus übernommen hat, wo sie eine bedeutende Rolle für die spirituelle Erkenntnis und für den Heilsweg spielen.

Meditation ist eine Form der inneren Sammlung und Besinnung, die zur Selbsterfahrung und -verwirklichung sowie zur Gotteserfahrung führen soll und in allen Religionen mehr oder weniger praktiziert wird. Im Buddhismus aber steht Meditation im Zentrum religiö-

Der hinduistische Gott Shiva im Yoga-Sitz (modernes indisches Plakat).

ser Praxis. Meditation besteht vor allem aus Konzentrations- und Atemübungen. In der Jhana-Meditation (japanisch *zen*, chinesisch *tschan*) verband Buddha Meditationstechniken mit seiner Lehre vom achtfachen Pfad (s. S 50–53). Entsprechend ist die Jhana-Meditation in acht Zustände (*jhanas*) aufgeteilt:

- achtsames Nachdenken,
- Konzentration auf eine Sache,
- Gleichmut,
- Nichtwahrnehmen der Gefühle,
- Auflösung der Wahrnehmung von Form und Gestalt bzw. das Erlebnis der Unendlichkeit des Raumes,
- grenzenloses Bewusstsein,
- Sphäre des Nichts und

- der Zustand des »Weder-Wahrnehmens-noch-Nicht-Wahrnehmens«.

Es gibt Schulen des Buddhismus, die sich ausschließlich der Meditation widmen, wie die Tschan-Schule in China und der Zen-Buddhismus in Japan.

Yoga ist ursprünglich eine ganz unsystematische Sammlung von Körperstellungs-, Atem- und Konzentrationsübungen zur Überwindung des Ich-Bewusstseins und Vereinigung mit dem Göttlichen. Die indische Schule des *yoga* (= »Anspannung«, »Joch«, »Zügelung«) lehrt Praktiken der Meditation, die helfen, durch Beherrschung von Körper, Geist und Empfindung ein höheres Bewusstsein zu erlangen und so das *atman* (die individuelle Seele) zu befreien, das *brahman* (die Weltseele, das Göttliche) zu erkennen und sich mit ihm zu vereinigen. Die acht »Glieder« bzw. Stufen des Yoga wurden erstmals im Yoga-Sutra (2. Jh. v. bis 5. Jh. n. Chr.) schriftlich dargestellt:

- »Beherrschtheit« im Sinne von ethisch korrektem Verhalten,
- »Zucht« im Sinne von Selbstbeherrschung (Reinheit, Askese),
- sitzende Körperhaltungen,
- Atemtechniken und -kontrolle,
- »Abwendung der Sinne von ihren Objekten« im Sinne von innerer Sammlung und Sinneskontrolle,
- Konzentration des Denkens (auf eine bestimmte Stelle),
- Meditation und
- vollkommene Versenkung (Erfahrung der Einheit mit dem *brahman*).

Für Yoga und Meditation spielen Mantras und Mandalas als Symbole bzw. Hilfsmittel eine besondere Rolle. Mantras sind Verse, Silben oder Worte mit spiritueller Kraft (meist der Name einer Gottheit), die durch Aussprechen und Wiederholung zur Erkenntnis des Göttlichen führen. Bekanntestes Beispiel ist die Sanskrit-Silbe *om* oder *aum*. Ein weiteres, bildliches Hilfsmittel der Meditation ist das *mandala* (»Kreis«), ein Modell, das den durch die Meditation erkannten Zusammenhang zwischen dem Mikrokosmos Mensch und dem Makrokosmos verdeutlicht (s. Abb. S. 51).

Bekannt und beliebt ist vor allem der hinduistische Kundalini-Yoga. Er steht mit dem Tantrismus in Verbindung und geht von der Vorstellung aus, dass die göttliche Energie im Menschen ähnlich wie eine schlafende Schlange zusammengerollt am unteren Ende der Wirbelsäule ruht. Durch spezielle Yoga-Praktiken kann man diese Energie nach oben aufsteigen lassen, so dass sie sich am Scheitelpunkt mit dem Gott Shiva vereinigen kann.

Magie, Zauberei und Rituale

Die Esoterik greift gerne auf Magie und Volksglauben zurück, abwertend auch als Aberglaube bezeichnet. In vielen Kulturen war und ist nach wie vor Magie vor allem in Form von Heilung, Wahrsagerei, Abwehr von Dämonen, Verfluchung und Schutz vor Flüchen, Wettervorhersagen und -beeinflussung, Liebeszauber, Amuletten und Talismanen (Glücksbringern) populär.

Magie ist der Versuch, transzendente Mächte in mechanisch-automatischer Weise zu manipulieren, um ein bestimmtes Ziel zu erreichen. Magie ist im Prinzip ein von der Religion unabhängiges, eigenständiges Phänomen, dennoch ist sie in fast allen Religionen meist im sogenannten Volksglauben fest verwurzelt. Während man sich in der Religion in der Regel mit Gebeten oder Opfern an eine Gottheit wendet, um etwas zu erlangen, und der entsprechende Wunsch nicht zwangsläufig erfüllt wird, führen für den, der daran glaubt, richtig ausgeführte magische Praktiken automatisch zum Erfolg.

Die Quadratur des Kreises: »Mach aus Mann und Weib einen Kreis, daraus ein Quadrat, dann ein Dreieck, alsdann wieder einen Kreis, und du wirst den Stein der Weisen haben.« Magie ist in der Alchemie und Esoterik mehr als nur einfache Zauberei, nämlich ein ganzes Weltbild (Michael Maier, *Atalanta fugiens*, Oppenheim 1618).

Magische Praktiken

können aus Worten, Gesängen und Beschwörungen oder aus bestimmten Gesten, Berührungen, Tänzen und anderen Handlungen bestehen, denen eine rituelle und symbolische Bedeutung zukommt. Im Mittelpunkt magischer Vorstellungen stehen zum einen mit einer besonderen Kraft versehene Objekte (Fetische, Amulette und letztlich auch Maskottchen). Alles kann zu einem mit einer Kraft »aufgeladenen« Objekt werden: Steine, Pflanzen, Tiere – auch Teile von ihnen, ebenso Körperteile des Menschen (wie Knochen, Haare oder Nägel). Wer ein solches Objekt besitzt, verfügt auch über seine Kraft. Wer ein solches Objekt berührt, auf den überträgt sich diese Kraft. Und mit einem solchen Objekt kann man bestimmte Handlungen zum eigenen Nutzen ausführen. Zum anderen stehen bestimmte rituelle Handlungen im Zentrum magischer Vorstellung und Praxis, die man nach dem Analogieprinzip »Gleiches bringt Gleiches hervor« einsetzt. Man spricht von analoger oder sympathetischer Magie. Ein Beispiel hierfür sind die Tänze der Naturvölker – so etwa der Bisontanz nordamerikanischer Indianer, bei dem die als Bisons verkleideten Tänzer den Erfolg bei der Bisonjagd sicherstellen wollen. Bekannt ist das Zerstechen einer Puppe im Voodoo-Kult, um einem Gegner Schaden zuzufugen, oder die weit verbreitete Vorstellung, dass man mit einem Bild Macht über die abgebildete Person erlangen kann. Die »Handlungen« können aber auch im Aussprechen und Wiederholen von Zaubesprüchen, Beschwörungen, Gebeten, Mantras etc. oder in Gesängen bestehen. Voraussetzung hierfür ist meist eine bestimmte Kenntnis und Erfahrung, die man sich sozusagen als »Zauberlehrling« aneignen muss.

Sowohl bei den kraftgeladenen Objekten als auch bei den rituellen Handlungen spielt das symbolhafte Verständnis eine wichtige Rolle: das symbolhafte Besitzen oder Berühren eines Gegenstandes oder eine symbolhafte Handlung führt automatisch zu dem gewünschten Resultat in der Realität. Man unterscheidet »weiße Magie«, die auf Nutzen und Heilung zielt, und »schwarze Magie« mit dem Ziel, anderen zu schaden. Auch der

Die Glaskugel, Instrument und Symbol der Magie und Wahrsagerei.

»Liebeszauber« ist von jeher in Magie und Volksglauben präsent.

In der Esoterik spielt die Magie vor allem in der Hermetik, im Spiritismus und im Neuheidentum eine wichtige Rolle. Das Verständnis der Magie reicht von der trivial-einfachen Auffassung als »Zauberei« bis hin zu tiefergehenden Vorstellungen, so z. B., dass man mit Magie aufgrund der Einheit von Mikro- und Makrokosmos die Energie des Kosmos beeinflussen kann. Bekanntestes Beispiel für Magie in der Esoterik ist Aleister Crowley, der sich selbst explizit als Magier und seine Lehre als Magie verstand (s. S. 66f.).

Astrologie und Weissagung

Beliebt in der Esoterik ist die Weissagung und Mantik (Deutung von Orakeln und Zeichen). Hierzu zählten Astrologie, I Ging und Tarot, auch Handlesen und vieles mehr. Im einfachen, trivialen Sinn geht es oft um Zukunftsvoraussagen, in ernsthafterer und tieferer Bedeutung aber um die Situationsanalyse einer Person, bei der man von der jetzigen Situation und den makrokosmischen Bedingungen, vom Charakter und den Fähigkeiten dieser Person ausgehend, Hilfe und Rat in Problem- und Entscheidungsfällen sucht.

Die Astrologie (griechisch, »Sterndeutung«) versucht, Wesen und Schicksal eines Menschen aus der Konstellation der Sterne heraus zu deuten. Die Astrologie geht dabei von einem Zusammenhang zwischen Mensch,

Welt und Universum aus, der sich von der Stellung der Gestirne ablesen lässt wie die Uhrzeit von einer Uhr.

In allen frühen Hochkulturen (vor allem Mesopotamien, Ägypten, Indien, China und Mittelamerika) beobachtete und berechnete man den Stand und den Verlauf der Himmelsgestirne, um Feste und Rituale festzulegen und um den günstigsten Zeitpunkt für Aussaat, Ernte, Kriege, aber auch individuelle Unternehmungen zu erfahren. Die Geschichte unserer westlich-europäischen Astrologie lässt sich bis auf die frühe Verehrung der Gestirne Sonne, Mond und Venus in den sumerisch-babylonischen Kulturen in Mesopotamien zurückführen, die dann zu astrologischen Beobachtungen, Berechnungen und zur Entwicklung astrologischer Systeme führte. Daher auch die Bezeichnung »Chaldäer« oder »Babylonier« für Astrologen in der hellenistischen Antike, die die sumerisch-babylonische Astrologie übernahm.

Der Zodiakos (von griechisch *zodia*, »Lebewesen«), das System der zwölf Tierkreiszeichen, entstand durch die Beobachtung des Sonnenlaufes innerhalb eines Jahres, den man in eben diese zwölf Tierkreiszeichen einteilte. Auch der Zodiakus stammt aus Mesopotamien und wurde von den Griechen und Römern übernommen. Jedem Tierkreiszeichen wurden ein bestimmter Bereich und bestimmte Eigenschaften zugeordnet. Schon die Babylonier und Assyrer erstellten lange Register, in denen die Ereignisse bei einer bestimmten Himmelserscheinung genau vermerkt und mit dieser verbunden wurden. Man erwartete dann, dass dieselbe Konstellation der Gestirne auch wieder das gleiche oder ein ähnliches Ereignis zur Folge hat.

Astrologie hatte in den alten Hochkulturen einen religiösen Hintergrund, hier der sogenannte Kalenderstein der Azteken mit dem Sonnengott in der Mitte, den vier Weltzeitaltern (1. Kreis in der Mitte) und den Kalenderzeichen (2. Kreis).

Man unterscheidet eine Mundanastrologie, die das Weltgeschehen deutet, und eine auf den einzelnen Menschen bezogene Individualastrologie. Wichtige Da-

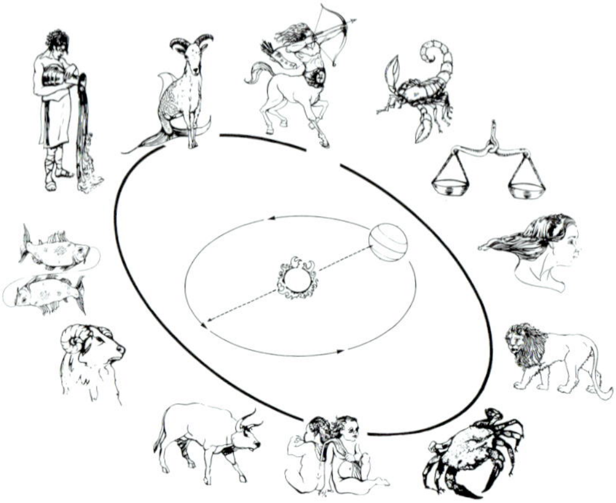

Der Wechsel der Tierkreiszeichen im Laufe des Jahres beruht darauf, dass die Erde die Sonne umkreist und dabei die Sonne gleichzeitig jeden Monat ein anderes Tierkreiszeichen betritt, in diesem Fall steht die Sonne im Zeichen des Widders.

ten für die Individualastrologie sind Datum, Stunde und Ort der Geburt. Mit dem individuellen Horoskop (griechisch, »Stundenschau«) berechnet man die Konstellation der Gestirne im Augenblick der Geburt eines Menschen, um daraus Wesen und Schicksal dieses Menschen zu deuten. Das bisher älteste individuelle Horoskop dieser Art datiert aus dem Jahr 410 v. Chr.

Unser heutiges astrologisches Modell der zwölf Tierkreiszeichen stammt aus der hellenistischen Antike, aufgezeichnet von Claudius Ptolemäus aus Alexandrien (gest. um 160 n. Chr.) in seinem »Werk in vier Büchern« (*Tetrabiblos*). Es geht immer noch von der Erde als Mittelpunkt des Kosmos aus, die von der Sonne und den anderen Gestirnen umkreist wird. Von der Erde aus gesehen, scheint jedes Tierkreiszeichen während eines Jahres für einen Monat am selben Ort neben der Sonne, im »Sonnenzeichen«, und dann auch neben den anderen Planeten Mond, Merkur, Venus, Mars, Jupiter, Saturn, Uranus, Neptun und Pluto zu stehen. Auch die anderen Planeten scheinen – ebenfalls wieder von der Erde aus gesehen – für eine kurze Zeit mit einem Tierkreiszeichen verbunden zu sein. Jeder dieser Planeten »herrscht« über eines oder mehrere der zwölf Tierkreiszeichen. Das Gestirn, das bei Sonnenaufgang im Osten steht, heißt Aszendent (»aufsteigendes

Zeichen«), das Gestirn, das bei Sonnenuntergang im Westen steht, heißt Deszendent (»absteigendes Zeichen«). Jedem Tierkreiszeichen ist ein (darüber herrschender) Planet bzw. ein »Haus«, sowie eine Qualität (fest, beweglich oder kardinal), ein Element (Erde, Luft, Wasser oder Feuer, jeweils wiederum bestimmte Eigenschaften symbolisierend) und eine Polarität (positiv oder negativ) zugeordnet. Durch das Tierkreiszeichen und seine Konstellation zur Zeit der Geburt einer Person werden dieser bestimmte Eigenschaften und Charakterzüge zugeschrieben, die je nach dem herrschenden Planeten etwas variieren können.

Im Christentum wurde die Astrologie unterschiedlich bewertet, zumeist distanzierte man sich von ihr. Trotzdem beeinflusste die Astrologie nicht unerheblich das abendländische Denken. Kopernikus, Galilei, Kepler, Newton und Leibniz waren noch Anhänger der Astrologie. Erst im 19. Jh. erfolgte die definitive Trennung von Astrologie und Astronomie. Eine Wiederbelebung erfuhr die Astrologie in der Theosophie: William F. Allen (1860–1917), nach seinem Sternzeichen Löwe

Der Zodiak der Antike wurde auch vom Christentum übernommen, der Sonnengott Helios in der Mitte des Tierkreises wurde später in der Regel als Christus interpretiert. In den vier Ecken sind die vier Jahreszeiten dargestellt (Synagoge von Bet Alfa, Israel 6. Jh., vgl. Abb. S. 29).

Tierkreiszeichen mit den lateinischen Bezeichnungen (Buchmalerei, 12. Jh.)

auch »Alan Leo« genannt, begründete mit seiner astrologischen Zeitschrift und seinem astrologischen Verlag die bis heute weit verbreiteten Zeitungshoroskope. Einflussreich war auch Alice Bailys Buch *Esoterische Astrologie*. Die Astrologie fand Eingang in die Psychoanalyse. C. G. Jung lehnte zwar die triviale Zeitungsastrologie ab, doch galten ihm die Tierkreiszeichen, wie generell Bilder und Symbole aus Religion und Mythos, als Archetypen oder Muster der Seele. Dementsprechend kann man nach Jung durch die Astrologie auch Informationen über die Seele des Menschen und zukünftige geschichtliche Ereignisse erhalten. Das Horoskop kann Auskunft über Charakter, Fähigkeiten und den Einfluss der Umwelt auf eine Person geben.

Heute sind Astrologie-Schulen weit verbreitet und gefragt. Je nach Ausrichtung ist die Tendenz esoterisch-religiös, psychologisch oder eine Mischung aus beiden. Nach wie vor ist zu unterscheiden zwischen einer populär-trivialen Astrologie, die einfache Zukunftsvoraussagen intendiert, und einer ernsthaft-differenzierteren Astrologie mit dem Ziel, dem Menschen zu einer besseren Selbsterkenntnis zu verhelfen. Es gab auch empirisch-statistische Versuche, die Astrologie wissenschaftlich zu fundieren, die aber bis heute nicht allgemein anerkannt sind (so etwa durch den Psychologen Michel Gauquelin, *Kosmische Einflüsse auf menschliches Verhalten*, 1983).

Zunehmender Beliebtheit erfreut sich auch das chinesische Horoskop. Entscheidend ist hier das Jahr der Geburt, wodurch das Tierzeichen festgelegt wird. Jedem Jahr ist auf diese Weise ein Tiersymbol zugeordnet (Ratte, Büffel, Tiger, Hase, Drache, Schlange, Pferd, Ziege, Affe, Hahn, Hund und Schwein). Jedem dieser Tiersymbole entsprechen bestimmte Eigenschaften, Wesens- und Charaktermerkmale.

I Ging

Das *I Ging* ist im Westen das bekannteste chinesische Buch. Es ist ursprünglich ein Orakelbuch, wurde dann aber auch als Wörterbuch und Formelsammlung genutzt und avancierte schließlich zu einer Art Weisheitsbuch und Moralkodex für richtiges ethisches Verhalten, das sich aus dem Orakel ergibt. Inhalt sind die 64 Diagramm-Zeichen (ein aus zwei Grundzeichen bestehendes Bildzeichen, nämlich Strich und unterbrochener Strich) und die von verschiedenen Autoren verfassten und aus unterschiedlichen Zeiten stammenden erklärenden Kommentare zu den einzelnen Zeichen. Die Ursprünge des *I Ging* gehen bis ins 2. Jh. v. Chr. zurück, die Vollendung in der jetzigen Gestalt erfolgte im 17. Jh. n. Chr. Die Hauptkommentare, die »Zehn Flügel«, entstanden während der Han-Dynastie (206 v. bis 220 n. Chr.).

Das Orakel des *I Ging* basiert auf den Antworten Ja/Nein, und demzufolge arbeitet das *I Ging* mit dem Diagramm-Zeichen eines Striches für Ja und eines gebrochenen Striches für Nein. Später ergaben sich durch Verdoppelungen und durch ein drittes Strichelement insgesamt acht Zeichen. Diese Zeichen verdeutlichen die Vorgänge auf der Erde und im Himmel. Man geht von ständigen Veränderungen zwischen Erde und Him-

Yin und Yang im Zentrum der acht Trigramme des *I Ging* (Darstellung auf einer glasierten Kachel, Musée de l'Homme, Paris).

mel aus, die aus der Veränderung oder »Verwandlung« von einer zur anderen Situation entstehen. Und um die Vorhersage dieser »Verwandlung« geht es im *I Ging* – daher auch der Name »Buch der Wandlungen«. Grundlage ist die Polarität von Yin und Yang.

Die Diagramm-Zeichen werden zu drei Zeichen zusammengefasst, den sog. Trigrammen (aus drei Grundzeichen bestehendes Bildzeichen, nämlich den Diagrammen Strich und unterbrochener Strich sowie einem dritten Strich, der entweder durchgezogen oder unterbrochen ist). Es gibt acht Möglichkeiten, die Trigramme anzuordnen, und somit gibt es acht Trigramme. Die oberste Linie symbolisiert den Bereich des Himmels, die mittlere Linie den Bereich des Menschen und die unterste Linie den Bereich der Erde. Jedem der acht Trigramme sind ein Name, ein Bild (aus der Natur), eine Eigenschaft, eine Familie und eine Zahl zugeordnet. Die Reihenfolge bzw. Anordnung der Trigramme ist variabel, sie kann beispielsweise nach Yin und Yang, nach den Himmelsrichtungen erfolgen. Durch Verdoppelung der Trigramme erhält man die insgesamt 64 Hexagramme (ein aus sechs Grundzeichen bestehendes Bildzeichen), auf die sich die Kommentare des *I Ging* beziehen.

Die ersten drei der 64 Hexagramme des *I Ging* (1. Ch'ien, das Schöpferische, 2. K'un, das Empfangende, 3. Chun, die Anfangsschwierigkeit).

Das Orakel selbst wird traditionell mit Schafgarbenstengeln, meist aber mit Münzen praktiziert. Dabei hat man drei Münzen, die je einmal geworfen werden. Die Kopfseite der Münze zählt 3, die Seite mit der Zahl 2. Man errechnet die Summe der drei Würfe und erhält entweder eine gerade oder eine ungerade Zahl (9 / 7 oder 8 / 6). Die ungerade Zahl steht für den Strich, die gerade Zahl für den unterbrochenen Strich im Hexagramm, das auf diese Weise entsteht. Ein Strich des Hexagramms gilt immer als der »beherrschende«, wesentliche des Hexagramms.

In der Zeit des Konfuzianismus wurde das *I Ging*

sehr geschätzt. Es beeinflusste auch den Taoismus. Während der Zeit des buddhistischen Einflusses trat es mehr in den Hintergrund. C. G. Jung verwendete es zur Verdeutlichung und Bestätigung seiner Lehre von den Archetypen, und über ihn fand es seinen Weg in die Esoterik.

Tarot – mehr als ein Kartenspiel

Der (oder auch das) Tarot ist eines der in der Esoterik am meisten verwendeten Deutungssysteme. Die Bandbreite seines Gebrauchs reicht vom einfachen (dem Tarock ähnlichen) Kartenspiel über den spielerischen und ernsthaften Gebrauch bis hin zum umfassenden esoterischen Konzept. Die Geschichte des Tarot ist bis ins 15. Jh. zurückverfolgbar. Der Freimaurer Antoine Court de Gébelin machte den Tarot 1781 dadurch populär, dass er ihn mit Zukunftsdeutung und Esoterik verband. Eliphas Lévi verband den Tarot mit der Kabbala. Der Tarot wurde dann vom »Hermetic Order of the Golden Dawn« übernommen und weiterentwickelt. Der heutige Tarot geht auf Arthur Edward Waite und Pamela Coleman Smith zurück. Es gibt unzählige Karten-Sets des Tarot, die bekanntesten gehen auf Rider-Waite und Aleister Crowley zurück (s. Abb. S. 120).

Wahrsagerin Xenia aus Berlin (2004).

Der Tarot besteht üblicherweise aus 78 Bildkarten, aufgeteilt in 22 große und 56 kleine Arkana. Die großen Arkana symbolisieren die Urbilder der menschlichen Erfahrungen und Aufgaben. Die kleinen Arkana bestehen aus 10 mal 4, also 40 Zahlenkarten, welche die mit einer Sache verbundene kosmische Energie darstellen, und 4 mal 4, also 16 Hofkarten, die das kosmische Geschehen und den Umgang mit den Problemen verdeutlichen. Die Großen Arkana sind durch einen Namen oder eine Bezeichnung und eine Zahl gekennzeichnet, die kleinen Arkana bestehen aus vier Farbserien, die jeweils durch

Karte des Golden-Dawn-Tarot: »Der Magier« (Illustration von Robert Wang, 1978)

Karte des Crowley-Tarot: »Der Magier« (Illustration von Frieda Harris).

ein gemeinsames Symbol (Stäbe, Schwerter, Kelche, Münzen) gekennzeichnet sind. Ferner gibt es bei den Kleinen Arkana zu jeder Farbe vier Hofkarten (König, Königin, Ritter, Prinz, Page) und 10 Zahlenkarten (As, 2, 3, 4, 5, 6, 7, 8, 9, 10).

Den Bildern der 22 großen Arkana werden Schlüsselbegriffe zugeordnet, wie dem Magier Tatkraft, Wille, männliches Prinzip oder der Hohenpriesterin geheimes Wissen, weibliches Prinzip. Ähnlich lässt sich auch jeder Karte der Kleinen Arkana jeweils ein Schlüsselbegriff zuordnen. Zugleich symbolisieren die vier Farben bzw. ihre Symbole die vier Elemente: Stäbe (Feuer), Schwerter (Luft), Kelche (Wasser) und Münzen (Erde).

Dies sind nur die Schlüsselbegriffe der Tarot-Karten. Hinzu kommt die jeweilige Deutung, die auch abhängig davon ist, wie die Karte aufgedeckt wird, in normaler oder umgekehrter Lage (wobei das Bild »auf dem Kopf« liegt). In normaler Lage hat die Karte dann meist eine positive, in umgekehrter Lage eine eher negative Bedeutung. Ausnahmen sind Karten wie »Der Teufel«, wo es sich umgekehrt verhält. Wie man die Karten ausführlicher und konkret auf eine Person und ihre Situation bezogen deutet, dazu gibt es vielfältige Möglichkeiten – wie unzählige Bücher mit »Gebrauchsanweisungen« zur Deutung belegen. Ebenso gibt es für das Legen der Karten vielfältige Möglichkeiten. Verbreitet ist beispielsweise die Kreisform von zwölf Karten und einer Karte in der Mitte. Insgesamt wird damit der Ablauf eines Jahres gedeutet, die einzelnen Karten symbolisieren – gegen den Uhrzeigersinn gelesen – die zwölf Monate, die 13. Karte in der Mitte die allgemeinen Einflüsse des Jahres. Ebenso verbreitet ist das Legemuster von drei einzelnen (oder drei Gruppen von mehreren) Karten, wobei die erste die Vergangenheit, die zweite die Gegenwart und die dritte die Zukunft verdeutlicht. Mit dem

Die einfachste Form, um Tarotkarten zu legen.

Legemuster von zwei Karten lässt sich durch die erste Karte etwas über die Ereignisse des kommenden Tages, mit der zweiten etwas über die Ursachen dafür sagen. Beliebt ist auch das Legen einer Kreuzform mit vier oder mehr Karten.

Vielfältig sind die Ziele bei der Anwendung des Tarots: Das Kartenlegen kann einfache, spielerische Wahrsagerei von zukünftigem Geschehen sein, es kann aber auch als ernsthafte Lebenshilfe und Problemlösung begriffen werden, wobei die gegenwärtige (alltägliche) Situation und die Probleme eines Menschen, die Ursachen dafür sowie die zukünftige Entwicklung bzw. Lösung des Problems analysiert und gedeutet werden – etwa wenn man vor einer schwierigen beruflichen Entscheidung steht. Schließlich kann der Tarot auch als Weltanschauung mit religiösen Implikationen verstanden werden, bei dem es nicht nur um Problemlösungen des Alltagslebens, sondern um Krisensituationen und die großen Sinnfragen geht.

Der Tarot lässt sich mit Alchemie, Kabbala, Astrologie und Numerologie verbinden. So korrespondieren z. B. sowohl die vier Grundfarben als auch die vier Hofkarten mit den vier Elementen. Die zehn Zahlkarten entsprechen sowohl den zehn Sefirot des kabbalistischen Lebensbaumes als auch den zehn Planeten. Und die 22 Großen Arkana entsprechen den zwölf Tierkreiszeichen plus den zehn Planeten oder auch den 22 Buchstaben des hebräischen Alphabets und den damit verbundenen 22 Zahlen und ihren Bedeutungen.

Die 22 großen Arkana des Tarots

	Der Narr
1	Der Magier
2	Die Hohepriesterin
3	Die Herrscherin
4	Der Herrscher
5	Der Hierophant (Der Hohepriester)
6	Die Liebenden
7	Der Wagen
8	Gerechtigkeit
9	Der Eremit
10	Rad des Schicksals
11	Kraft
12	Der Gehängte
13	Tod
14	Mäßigkeit
15	Der Teufel
16	Der Turm
17	Der Stern
18	Der Mond
19	Die Sonne
20	Gericht
21	Die Welt

Heil und Heilung, Wellness und Krankheit

Heil und Heilung sind heutzutage *die* zentralen Themen der Esoterik geworden – sowohl im praktisch-medizinischen wie auch im religiös-spirituellen Sinn. Heil und Heilung sind von jeher auch ein Bereich der Religion, Krankheiten spielen in allen Religionen als Krisenerfahrung eine besondere Rolle. War die Schulmedizin traditionell für die körperliche Gesundheit, die Kirche für das seelische bzw. geistige Heil zuständig, so bezieht die alternative Medizin heute die spirituellen Aspekte in ihre Betrachtung mit ein und ist dadurch auch für die Esoterik ein wichtiger Bereich geworden.

Krankheit kann generell als Störung des körperlichen, seelischen oder geistigen Wohlbefindens betrachtet werden. Nicht nur in Bezug auf die Heilungstherapien können in verschiedenen Kulturen und Zeitepochen Unterschiede bestehen, sondern auch in der Frage, was eine Krankheit ist und was deren Ursachen sind. Die Vorstellungen von Krankheit und Heilung sind also vom jeweiligen kulturellen und zeitlichen Kontext abhängig. Die Heilungsvorstellungen in der Esoterik gehen – wie bei den Naturvölkern und vielen archaischen Kulturen – im Unterschied zur westlichen Schulmedizin von einer Ganzheit des Menschen und demzufolge von einer Wechselbeziehung zwischen Körper, Seele und Geist aus. Krankheit wird dementsprechend als Störung der universalen Harmonie angesehen. Die Heilung besteht darin, diese Harmonie wiederherzustellen. Nach den Vorstellungen der Naturvölker können Krankheiten von besonderen Mächten und Kräften, von Geistern und Dämonen, durch Verlust der Seele oder durch eine Störung der Ordnung in der Gesellschaft oder Natur verursacht werden.

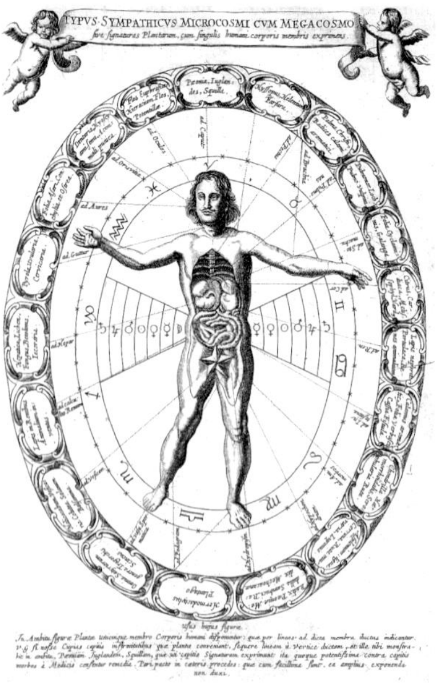

Der alternativen Medizin liegt nicht nur die Einheit und Entsprechung von Körper und Seele, sondern häufig auch vom menschlichen Körper und dem Makrokosmos zugrunde. Die Darstellung zeigt, wie nach hermetischer Tradition die menschlichen Organe bestimmten Planeten entsprechen, so das Herz der Sonne, das Gehirn dem Mond, die Leber dem Jupiter, die Milz dem Saturn, die Nieren der Venus, die Lunge Merkur und der Magen der Erde (Athanasius Kircher, *Mundus subterreaneus*, Amsterdam 1682).

Auch unsere alternative Medizin (Naturheilkunde, traditionelle chinesische Medizin, anthroposophische Medizin etc.) hat einen ganzheitlichen Ansatz und geht von einer Wechselwirkung von Körper und Psyche aus. Dabei werden soziale und durch die Umwelt bedingte Faktoren berücksichtigt. Krankheit wird dementsprechend als Störung dieser Wechselwirkung gesehen. Im Unterschied dazu geht die Schulmedizin von einer Trennung von Körper und Psyche aus. Allerdings gibt es heute Annäherungen zwischen Schulmedizin und alternativer Medizin. Das öffentliche Interesse an der alternativen Medizin ist seit den 1970er Jahren ständig gestiegen. Bis zur Hälfte aller Erwachsenen in Europa haben – laut diverser Studien – schon einmal eine alternative Behandlung in Anspruch genommen. Allerdings wird die Schulmedizin dabei zumeist nicht ganz aufgegeben, die alternative Medizin dient in der Regel als Ergänzung. Es gibt wenig wissenschaftliche Untersuchungen zur Effektivität alternativer Medizin, zum einen weil die finanzielle Unterstützung vonseiten der Pharmaindustrie, Universitäten etc. fehlt, zum anderen sind die alternativen Heilmethoden sehr unterschiedlich und ihr Erfolg hängt sehr vom einzelnen Therapeuten und seinen Fähigkeiten ab. Während die alternative Medizin versucht, die Selbstheilungskräfte des Körpers zu stimulieren, konzentriert sich die Schulmedizin auf den biochemischen Aspekt einer Krankheit und verwendet dementsprechend chemische Stoffe zur Bekämpfung der Krankheit und ihrer Symptome. Erfolge hat die alternative Medizin im Bereich »diffuser Krankheiten« wie schmerzende, stressbedingte Störungen (nervöse Darmbeschwerden, Chronisches Müdigkeitssyndrom). Bewiesen ist inzwischen, dass die gedankliche und emotionale Einstellung und Situation des Menschen Auswirkungen auf den Körper hat und seine körperliche Anpassungsfähigkeit unterstützen (positives Denken, Optimismus) oder behindern (Pessimismus) kann. Faktoren wie Stress, Depression, Angst und Einsamkeit schwächen die natürlichen Abwehrkräfte des Körpers und machen den Menschen für

Krankheiten wie Herzinfarkt, Krebs etc. anfälliger. Ausgeglichenheit des Menschen, Gleichgewicht und Harmonie von Körper und Psyche, die »Homöostase«, ist das Ziel der alternativen Medizin. Eindeutig nachgewiesen ist die Wechselwirkung von Körper und Psyche durch den sogenannten Placebo-Effekt: Unter einem Placebo versteht man ein »Scheinmedikament«. Dem Patienten wird es als Originalmedikament präsentiert, aber es enthält in Wirklichkeit keine Wirkstoffe. Wissenschaftlich bewiesen ist, dass aufgrund der positiven Erwartungshaltung des Kranken in fast der Hälfte der Fälle bei Kopfschmerzen, Migräne, Asthma und ähnlichen Beschwerden tatsächlich eine Besserung erzielt wird.

Die Therapie-Konzepte der alternativen Medizin sind vielfältig: Naturheilkunde, traditionelle chinesische Medizin, Ayurveda, tibetische Medizin, Homöopathie, anthroposophische Medizin und Klinische Ökologie zählen dazu, ebenso Körper- und Bewegungstherapien wie Massage, Chiropraktik, Osteopathie, Rolfing, Heller-Arbeit, Feldenkrais-Methode, Tragerwork, Bioenergetik, Akupunktur, Akupressur, Shiatsu, Do-In, Qi Gong, Tai Chi Chuan, Polaritätstherapie, Handauflegen bzw. Therapeutic Touch, Reiki, Yoga und Tanztherapie. Mentale und emotionale Therapien sind die Psychotherapie, die Hypnose, Autogenes Training, Biofeedback, Meditation, Flotationstherapie, Visualisierung, Klangtherapie, Musiktherapie, Kunsttherapie, Farbtherapie,

Zum Angebot der Esoterikszene gehören auch Heilmittel, Pflanzenöle und vieles mehr.

Lichttherapie, Feng-Shui, Geomantie und Biorythmus. Medikamentöse Therapien im engeren und weiteren Sinn sind die westliche und chinesische Pflanzenheilkunde, Ernährungstherapien, Bachblütentherapie, Edelsteintherapie, Aromatherapie, Magnettherapie sowie Aura-, Farb- und Lichttherapie.

Ein frühes Beispiel für die Verbindung von Astrologie, Spiritualität und Heilung: Die menschlichen Körperteile entsprechen bestimmten Tierkreiszeichen (»Melothesia«, »Tierkreismann«, Illumination aus den *Très Riches Heures* des Duc de Berry, 1413–1416, Musée Condé, Chantilly).

Es ist nicht immer leicht, zwischen alternativer Medizin und »Wellness-Kultur« zu unterscheiden. Wellness ist derzeit ein marktbeherrschender Trend, fast kann man von einem Wahn sprechen im Sinne einer Sucht nach Jugend, Fitness, nach einem makellosen und gesunden Körper, nach seelischer Harmonie und Bewusstseinserweitung – kurz nach Wohlbefinden in jeder Hinsicht. Dieser Trend weitet sich auch auf andere Bereiche aus (z. B. Wellness-Garten), und die Verbindungen und Grenzen zur Esoterik sind nicht immer klar zu ziehen.

Heilungskonzepte

Die **Naturheilkunde** geht von dem Grundsatz aus, dass ein Gleichgewicht des Körpers die Grundlage der Gesundheit ist. Dieses Gleichgewicht wird durch eine gesunde Lebensführung erhalten, Krankheiten werden durch ungesunde Lebensweise verursacht. Ziel der Naturheilkunde ist es, im Krankheitsfall die Selbstheilungskräfte des Körpers zu unterstützen. Sie arbeitet dabei mit Behandlungen, die nicht in den Körper eingreifen, etwa Diät, Hydrotherapie (äußerliche und innerliche Anwendung von Wasser, wie Bäder, Sauna etc.), Physiotherapie, Osteopathie, Chiropraxis etc. Die Naturheilkunde entwickelte sich Ende des 19. Jh. aus den »Heilkuren« in Österreich und Deutschland. Vertreter

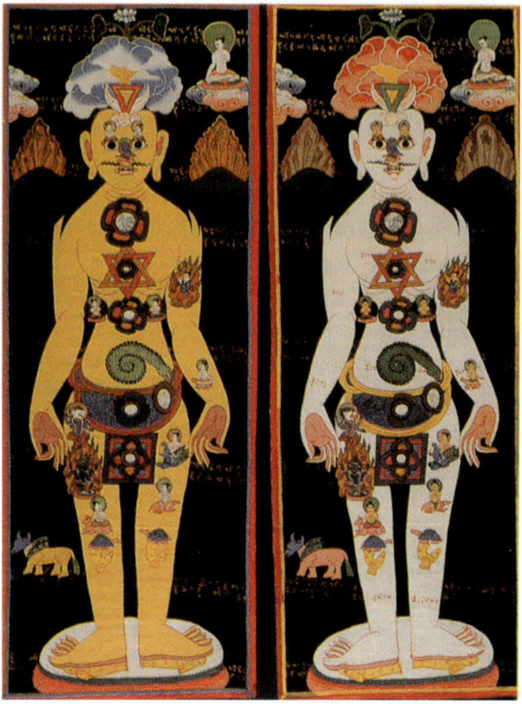

Die Chakras, ihre Symbole und ihr Sitz im menschlichen Körper. (indische Darstellung)

der ersten Stunde der Naturheilkunde waren u. a. Claude Bernard, Benedict Lust, Sebastian Kneipp, John Kellogg und Henry Lindler.

Die **indische Medizin**, das *ayurveda* (»Wissenschaft des Lebens«), ist eine schon seit ca. 2500 v. Chr. praktizierte Heilmethode. Grundlage der Ayurveda-Medizin ist die Vorstellung, dass die fünf Elemente (Äther, Luft, Feuer, Wasser und Erde) in allen Lebewesen präsent sind, miteinander reagieren und sich in ständiger Veränderung befinden. Auch die drei *doshas* bzw. Energien sind aus jeweils zwei dieser fünf Elemente zusammengesetzt: *vata* (Luft und Äther), *pitta* (Feuer und Wasser), *kapha* (Wasser und Erde). Bei jedem Menschen sind die *doshas* anders zusammengesetzt. Dieses individuelle Set von *doshas*, *prakriti* genannt, wird bei der Zeugung eines Menschen bestimmt. Dabei beherrschen ein oder zwei *doshas* die Persönlichkeit und die Fähigkeiten eines

Menschen. So gibt es *vata*-Typen, *pitta*-Typen oder *kapha*-Typen – vergleichbar der westlichen Einteilung in Sanguiniker, Melancholiker, Choleriker und Phlegmatiker. Krankheiten entstehen durch ein Ungleichgewicht der *doshas*, die den Fluss der mit der Nahrung oder der Atmung aufgenommenen Lebensenergie, des *prana* und *agni*, das »Verdauungsfeuer«, unterbrechen. Die Therapie versucht, mit richtiger Ernährung, Entgiftungs- oder Reinigungstechniken, Yoga, Massage, Meditation und Pflanzenmitteln, das Gleichgewicht der *doshas* wiederherzustellen. Wichtig ist ferner die Vorstellung von den verschiedenen Chakras, die in bestimmten Körperteilen ihren Sitz haben.

Die **tibetische Medizin**, deren Geschichte bis ins 7. Jh. reicht, geht von drei »Temperamenten« – Luft, Galle, Schleim – aus, die alle Funktionen des Körpers beherrschen. Neben Pflanzenmitteln, Massage und Akupunktur werden auch religiöse Rituale zur Heilung eingesetzt.

Die von Rudolf Steiner (s. S. 61ff.) begründete **anthroposophische Medizin** sieht Mensch und Natur von einem kosmischen Rhythmus bestimmt. Krankheiten werden durch das fehlende Bewusstsein dieser Einheit von Mensch und Kosmos und eine fehlende »Wahrnehmung der Menschlichkeit« (ein Postulat der Medizin Steiners) verursacht, das ein Ungleichgewicht zwischen »zephalischem« und »metabolischem Pol« des menschlichen Körpers, das heißt zwischen dem Kopfpol und dem übrigen Körper, zur Folge hat. Gesundheit hängt auch vom Karma bzw. dem vorherigen Leben des Menschen ab. Krankheiten können durchaus hilfreich sein für die Entwicklung des individuellen Selbst. Zur Wiederherstellung des Gleichgewichts versucht man, den inneren Reinigungsprozess des Körpers anzuregen, etwa durch Gesprächstherapie, Massage, Eurythmie, Kunsttherapie und Hydrotherapie. Bleiben die Therapien erfolglos, können sie nach Ansicht Steiners zumindest im nächsten Leben Erfolg zeigen. Die anthroposophische Medizin versteht sich als Erweiterung, nicht als Ersatz der Schulmedizin.

Das, was heute vor allem im Westen als »traditionelle chinesische Medizin« gilt, ist nur noch ein Restbestandteil der wirklichen traditionellen chinesischen Medizin, herausgelöst aus dem kulturellen Kontext und ergänzt durch Elemente westlich-abendländischer Tradition. Die Anfänge der chinesischen Medizin sind um das 2. und 1. Jh. v. Chr. anzusetzen. Seit Beginn des 17. Jh. gab es in der chinesischen Medizin keine bedeutenden Neuerungen mehr.

Ausgangsbasis der chinesischen Medizin ist das Konzept von Yin und Yang (s. S. 53). Alle Erscheinungen lassen sich entweder Yin oder Yang zuordnen, so auch die Körperorgane (Lunge, Milz, Herz, Nieren und Leber gehören in den Bereich Yin, Magen, Darm, Galle und Harnblase in den Bereich Yang). Neben der Yin-Yang-Lehre ist die »Fünf-Phasen-Lehre« die zweite Basis der chinesischen Medizin, bei der die dynamischen Beziehungen zwischen den fünf Elementen (Metall, Wasser, Feuer, Holz und Erde) entscheidend sind. Diesen Elementen und ihren Wandlungsphasen werden je eine Himmelsrichtung, eine Farbe, ein menschliches Organ, ferner auch Klimazustände, Gefühlszustände, Geschmacksrichtungen, Zahlen, Tiere etc. zugeordnet.

Die chinesische Medizin wird schließlich durch die Lehre von den fünf Perioden und den *Qi* vervollständigt. Die Lehre von den fünf Perioden ordnet klimatische Erscheinungen wie Hitze, Kälte, Regen, Trockenheit den fünf Jahreszeiten (der Sommer ist in zwei Jahreszeiten unterteilt) zu und teilt danach die Krankheiten ein.

Eine wichtige Rolle in der chinesischen Medizin spielt die Vorstellung vom *Qi*, einem vieldeutigen Begriff, der letztlich eine überall vorkommende Lebensenergie bezeichnet. Jedes menschliche Organ hat sein eigenes *Qi*, das es durch die Adern in den Körper sendet und das als Puls ertastbar ist. Verbunden damit ist ein

Traditionelle chinesische Medizin (aus einem Sammelwerk über chinesische Medizin, Batavia, 17. Jh.)

Kreislaufkonzept des Körpers, demzufolge der Organismus von Leitbahnen (»Meridianen«, von denen es zwölf Hauptleitbahnen gibt) durchzogen ist, vergleichbar dem Blutbahnsystem oder den Landstraßen und Flüssen, die eine Landschaft durchziehen.

Die Vorstellung vom Qi ist auch die Grundlage der Akupunktur, die erstmals um 90 v. Chr. erwähnt wird (in der Biografie *Shi Ji*). Die Akupunktur geht von der Bewegung des *Qi* durch die Leitbahnen des Körpers aus und hat ein System von Punkten erstellt, die als Öffnungen für den Ein- oder Austritt des *Qi* angesehen werden. An solchen Öffnungspunkten erfolgen dann die Einstiche mit den Nadeln. Dabei werden die Leitbahnen (Meridiane) bestimmter Körperteile bzw. Organe angestochen, um deren *Qi*-Fluss anzuregen bzw. zu verbessern, um eine konkrete Fülle abzuleiten oder einen Mangel aufzufüllen. 14 Yin- und Yang-Hauptmeridiane werden unterschieden. Galt die Akupunktur anfangs nur als Behandlungsmethode für leichtere Störungen des Wohlbefindens, so wurde sie bald zur Heilmethode für viele Krankheiten. Ähnliche Methoden sind die Akupressur und die Moxibustion, ebenfalls mit dem Ziel der Verbesserung des *Qi*-Flusses. Bei der Akupressur wird mit den Fingern Druck auf die Akupunkturpunkte ausgeübt, bei der Moxibustion wird Moxakraut über den Akupunkturpunkten verbrannt.

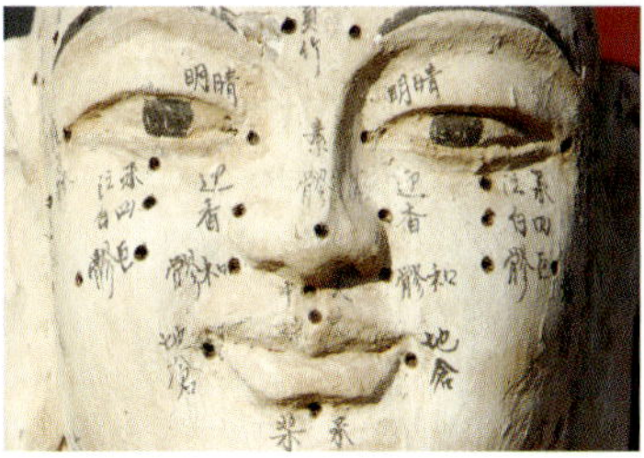

Akupunktur ist hierzulande die bekannteste Therapie aus der traditionellen chinesischen Medizin (hier ein Modell für die Akupunkturpunkte des Gesichtes).

Aus diesem komplexen Beziehungsgeflecht lassen sich dann nach chinesischer Vorstellung die Krankheiten und ihre Ursache diagnostizieren und mit entsprechenden Arzneien behandeln. Die Diagnose wird durch Fragen, Sehen, Riechen, Hören und Pulsfühlen erstellt. Krankheiten können durch einen Stau oder einen Mangel des *Qi* verursacht werden. Oder etwas befindet sich am falschen Ort, wo es Schaden verursacht. Schließlich können ein oder mehrere *Qi* Schaden hervorrufen, indem sie dominieren und andere *Qi* dadurch unterdrücken und so das Gleichgewicht gestört wird. Die chinesische Medizin versteht sich als ordnendes Eingreifen mit entsprechenden Arzneimitteln.

Bis heute fehlt eine grundlegende wissenschaftliche Aufarbeitung der chinesischen Medizin ebenso wie eine zentrale Institution. Daher gibt es nicht eine »traditionelle chinesische Medizin« schlechthin, sondern eine Vielfalt von Ausrichtungen, was eine objektive Auswahl erschwert.

Heilungstherapien

Es gibt eine Vielfalt von Heilungstherapien, deren Zahl ständig wächst, und wie bei Modeerscheinungen stehen immer wieder andere ganz oben auf der Skala des Interesses und der Beliebtheit und es kommen ständig neue hinzu. Hier kann nur ein grober Überblick geboten werden.

Massage, Chiropraktik, Osteopathie, Heller-Arbeit und Rolfing gehen davon aus, dass durch Berührung, Massage- und Drucktechniken etc. vor allem durch Verspannungen verursachte Schmerzen behoben werden können. Bei der Fußreflexzonenmassage sollen durch Druck auf Reflexpunkte am Fuß, die bestimmten Körperteilen entsprechen, die Selbstheilungskräfte dieser Körperzonen stimuliert werden.

Akupunktur, Akupressur, Moxibustion, Do-In, Thai-Massage, Qi-Gong und Tai Chi Chuan sind Methoden, um den Fluss des Qi, der Lebensenergie, im Körper anzuregen und zu verbessern, und zwar mittels Nadelstichen (Akupunktur), Drucktechniken (Akupressur, Shiatsu, Do-In), Massage (Thai-Massage) und Bewegung (Qi-Gong, Tai Chi Chuan). Do-In und Shiatsu wurden in Japan entwickelt, übernahmen aber viel von den Konzepten der chinesischen Medizin. Auch die aus Thailand stammende Thai-Massage weist unterschiedliche Fremdeinflüsse auf. Yoga umfasst Atem-, Meditations- und Bewegungsübungen (s. S. 109f.).

Reiki ist eine Form der Geistheilung aus Japan, die im 19. Jh. von dem japanischen Theologen Mikao Usui – nach dem Studium der Heilkräfte Christi – wiederentdeckt und entwickelt wurde. Über die Japanerin Hawaio Takata auf Hawai fand Reiki seit den 1970er Jahren im Westen schnelle Verbreitung. Der Therapeut stellt durch Handauflegen in verschiedenen Positionen – sozusagen als Energiekanal – das Gleichgewicht der Energiezentren des Patienten wieder her.

Der Name **Homöopathie** (von *homoios*, »gleich«, und *pathos*, »leiden«) beruht auf dem Simile-Grundsatz »Ähnliches heilt Ähnliches«. Deswegen, aber auch wegen ihres ganzheitliches Einsatzes und Ähnlichkeiten zur Alchemie kann die Homöopathie als *die* esoterische Medizin schlechthin gelten. Samuel Hahnemann (1755–1843) begründete gegen Ende des 18. Jh. die Homöopathie. Es ist zu vermuten, dass Hahnemann das Simile-Prinzip und das Prinzip der Potenzierung von der Alchemie übernommen hat, auch wenn er selbst behauptete, sich nie mit Paracelsus und Alchemie beschäftigt zu haben. Krankheit ist aus homöopathischer Sicht eine Störung der Lebenskraft des Körpers. Während die Schulmedizin nach der Ursache der Krankheit sucht, setzt die Homöopathie das dem Erscheinungsbild der Krankheit entsprechende Mittel ein, und zwar nach der Simile-Regel: Eine Substanz, die ein bestimmtes Krankheitsbild hervorruft, kann diese Krankheit auch heilen. So wird etwa Frühlingspollen gegen Heuschnupfen oder die Pflanze Belladonna, die Scharlachsymptome hervorruft, gegen Scharlach eingesetzt. Allerdings werden die Mittel sehr stark verdünnt. Hahnemann nahm an, dass durch diese Verdünnung die Wirkung erhöht bzw. »potenziert« wird. Durch den Einsatz homöopathischer Mittel soll die Selbstheilung des Körpers stimuliert werden.

Samuel Hahnemann (1755–1843), Begründer der Homöopathie.

Der Homöopath Edward Bach (1886–1936) war der Begründer der **Bachblütentherapie**. Grundlage der Bachblütentherapie ist die Beobachtung, dass negative Gefühle (Angst, Verzweiflung etc.) körperliche Leiden verursachen können. Nicht, wie in der Homöopathie, potenzierte chemische Substanzen werden als Heilungsmittel verwendet, sondern Blumenblütenessenzen von bestimmten Pflanzen. Die Blüten werden in Wasser aufgekocht und mit Alkohol zwecks Konservierung vermischt. Die Bachblütenessenzen werden äußerlich angewendet, aber auch oral eingenommen.

Sigmund Freud (1856–1939), der Begründer der Psychoanalyse, für den Träume Aufschluss über das ins Unbewusste Verdrängte geben.

Am Anfang der **Magnet-Therapie** steht der Wiener Arzt Franz Anton Mesmer (1734–1815), der der Ansicht war, dass nicht nur im Kosmos, sondern auch im Nervensystem der Lebewesen ein magnetisches Fluidum als universelle Kraft im Körper existiere. Mesmer meinte, bestimmte Krankheiten, wie nervliche Spannungszustände, würden durch eine Blockade des Fließgleichgewichts im Körper hervorgerufen. Durch Magnete könne das Gleichgewicht wiederhergestellt und/oder das magnetische Fluidum verstärkt werden. Es ist nachgewiesen, dass elektromagnetische Strömungen bzw. Magnetfelder überall vorkommen (die gesamte Erde ist bekanntlich von einem Magnetfeld umgeben), und diese werden auch in der Schulmedizin mittels Elektrogeräten zur Heilung angewandt. Die Magnet-Therapie geht aber im Unterschied dazu davon aus, dass auch ganz einfache Magnete Heilkräfte besitzen, die vor allem Erkrankungen der Knochen heilen können. Danach verstärkt ein auf einer bestimmten Körperstelle aufgelegter, einfacher Magnet die Blut- und Sauerstoffzirkulation und verbessert so insgesamt den Stoffwechsel. Das Magnet-Angebot reicht von Armringen, Schuhsohlen, Matratzen, Kissen bis hin zu elektrischen Geräten.

Begründer der **Psychotherapie** bzw. Psychoanalyse war der Wiener Arzt Sigmund Freud (1856–1939). Er versuchte, die ins Unbewusste verdrängten, negativen Erlebnisse und Erfahrungen, die zu psychischen Problemen führen, den Patienten wieder – durch Hypnose und vor allem Traumanalyse – bewusst zu machen. Durch die Verarbeitung des ins Unbewusste Verdrängten soll die Heilung erfolgen. Schüler Freuds wie C. G. Jung, Alfred Adler oder Erich Fromm entwickelten auf dieser Basis jeweils neue Ansätze, die als Tiefenpsychologie bezeichnet werden. Bei der Psychotherapie von C. G. Jung wird die »Selbstverwirklichung« betont, bei der Psychodynamischen Therapie die dynamische Entwicklung, beim »humanistischen« Ansatz von Abraham Maslow, Carl Rogers, Fritz Perls vor allem die positiven, ungestörten Verhaltensaspekte.

Meditation (s. S. 107f.) ist heute eine populäre Form der Entspannung und Stressbekämpfung, die zu seelischer Harmonie und erweitertem Bewusstein führen soll. Im Mittelpunkt der Meditation bzw. Konzentration steht die Atmung, ein Mantra (ein Satz oder Wort, der/das wiederholt wird) oder ein Gegenstand.

Heilung versprechen auch die **Musik-, Klang-, Farb-, Licht-, Aroma- und Edelsteintherapie**. Die Klangthera-

Auch Musik wird in Heilungstherapien eingesetzt, die Darstellung zeigt die Wirkung der Orgelmusik von Mendelsohn durch das Kirchendach hinaus in die Welt und den Kosmos (Annie Besant und Charles Leadbeater, *Gedankenformen*, Ausgabe 1926).

pie sowie die Musiktherapie gehen von der die Selbstheilungskräfte des Körpers aktivierenden und bewusstseinserweiternden Wirkung der Klänge und der Musik aus. Zu jedem esoterischen Medienangebot gehören CDs mit Naturgeräuschen (Delfin- und Walgesänge, Meeresrauschen). Ähnlich geht die Kunsttherapie von der heilsamen Wirkung der kreativen Kunst (Malen, Zeichnen, Bildhauern) bei psychischen Krankheiten aus. Die Farbtherapie schreibt den Farben einen Einfluss nicht nur auf die emotionale Stimmung, sondern auch bei der Krankheitsheilung zu. Mit der Farbtheorie verbunden ist oft das Chakra-System: Jeweils ein Chakra, der Farben und Licht aufnehmenden Lebensenergie, wird mit einem Körperteil, bestimmten Gefühlen und Farben assoziiert. Bei der Therapie wird festgestellt, welche Farben fehlen und benötigt werden, um das fehlende Gleichgewicht wiederherzustellen. Auch zwischen Chakra und Aura, dem feinstofflichem Bereich des physischen Körpers, der als Licht- oder Farberscheinung für Geschulte sichtbar ist, besteht eine Beziehung. Während die Farb- und Auratherapie von der Schulmedizin nicht anerkannt sind – die psychologische Wirkung der Farben wird allerdings nicht bestritten –, wird die Lichttherapie (der Einsatz von Licht zur Behandlung von Depressionen, Hauterkrankungen etc.) auch von der Schulmedizin akzeptiert. Aromatherapie geht von der Annahme aus, dass ätherische Öle durch Massage oder Inhalation über die Blutbahnen zum Nervensystem gelangen und so zu Wohlbefinden führen. Die Edelsteintherapie geht davon aus, dass Edelsteine und Kristalle Lebens- bzw. Heilungsenergie besitzen, die man freisetzen und so zur Heilung sowohl bei physischen oder psychischen Krankheiten nutzen kann. So werden dem Rosenquarz

Delphine, vor allem ihre »Gesänge« auf CD, sind in der Esoterikszene sehr beliebt.

Farbtherapie: Beispiel »Zwölf Persönlichkeitsfarben – der gelbe Fächer«.

Edelsteine – nicht nur wertvoll als Schmuck, sondern auch zur Behandlung von gesundheitlichen Störungen.

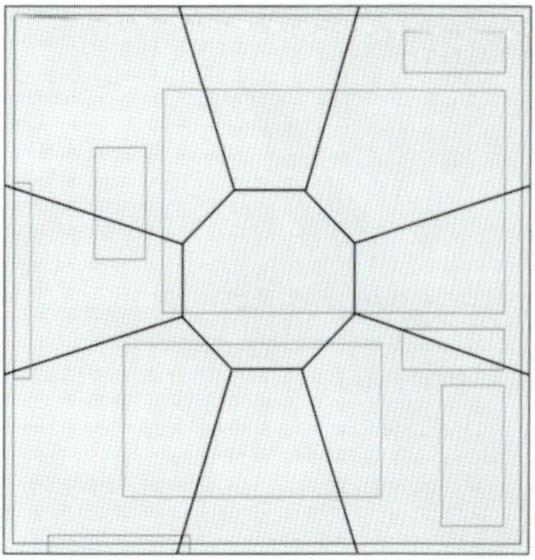

Plan der acht »Häuser« des Feng Shui, nach dem die jeweiligen Lebens- bzw. Wohnbereiche angeordnet werden (im Uhrzeigersinn: Ruhm/Anerkennung; Ehe; Kinder; Freunde; Karriere; Wissen/Erziehung; Familie/ Gesundheit; Reichtum/Gedeihen).

Heilungskräfte gegen Stress zugeschrieben, der Topas soll gegen Bluthochdruck und der Granat gegen Depressionen helfen. Für die Behandlung hält man den Stein entweder in der Hand, legt ihn auf die kranke Körperstelle, trägt ihn am Körper oder platziert ihn an einem bestimmten Ort in der Wohnung. Nicht selten wird die Edelsteintherapie auch mit der Akupunktur oder der Auratherapie verbunden.

Feng Shui (chinesisch, *feng*, »Wind« und *shui*, »Wasser«) ist vom Ansatz her der chinesischen Medizin ähnlich. Feng Shui geht davon aus, dass ein Ungleichgewicht von Yin und Yang sich nicht nur direkt negativ auf den Körper, sondern sich auch indirekt über die Umwelt bzw. den Lebensraum auf den Menschen auswirkt. Ziel von Feng Shui ist es daher, eine positive Wirkung der Umweltkräfte auf den Menschen, speziell durch die Gestaltung von Wohnräumen zu erreichen. Wie in der chinesischen Medizin sind auch im Feng Shui die fünf Elemente (Erde, Feuer, Wasser, Holz, Metall) jeweils mit einer Himmelsrichtung, einer Farbe, einer Jahreszeit und/oder einer Zahl verbunden. Und wie in der chinesischen Medizin geht es darum, den Fluss des Qi, der Energie, zu unterstützen und eine Unterbrechung zu vermeiden. Das *Ba-Gua,* ein Grundplan mit der Einteilung in acht »Häuser« bzw. Lebensbereiche, dient dazu, den Fluss des Qi festzustellen, indem man es über den Grundriss des zu untersuchenden Hauses oder Raumes legt. Ein weiteres Hilfsmittel dafür ist der *Luo-Pan*-Kompaß. Für die individuelle Anwendung ist auch das Geburtsdatum des Hausbewohners wichtig. Pflanzen ziehen Qi an, elektromagnetische Felder (z. B. Monitore) neutralisieren Qi, Spiegel können es gar zerstören.

Bei der **Geomantie** als Therapie geht es darum, schädliche elektromagnetische Felder festzustellen (beispielsweise durch Pendeln) und zu vermeiden. Ein Kristall wird eingesetzt, um die schädliche Energie aufzunehmen, aber auch das Verschieben von Möbelstücken kann hilfreich sein. Das Pendeln selbst kann auch zur Feststellung von Energiefrequenzen des Körpers und somit von Krankheiten dienen, indem der Therapeut das Pendel über einem bestimmten Körperteil des Patienten kreisen lässt. Der Therapeut stellt dabei (innerlich) Fragen, die durch das Pendeln mit Ja (im Uhrzeigersinn) oder Nein (gegen den Uhrzeigersinn) beantwortet werden. Bei der Radioniks-Technik wird nur ein »Muster« des Körpers (Haare, Hautgewebe) etc. des Patienten für das Pendeln verwendet. Elektromagnetische Energie bzw. Felder des menschlichen Körpers und ihre Feststellung spielen auch bei der Krankheitsdiagnose der Energetischen Medizin und der Kirlian-Photographie eine Rolle.

Pendeln
Beispiel Farbtherapie

Tierkommunikation

Auch Heilungstherapien für Tiere gewinnen zunehmend an Bedeutung. So werden Homöopathie, Bachblütentherapie, Reiki und viele andere Therapien auch bei Haustieren angewandt. In jedem dritten deutschen Haushalt leben Haustiere, deren Nutzen ausschließlich in ihrem »Dasein« im wahrsten Sinn des Wortes besteht. Haustiere sind ein Bestandteil des Alltagslebens und nicht selten zum fast gleichwertigen Familienmitglied geworden. Eine der neuesten Therapien ist die **Tierkommunikation**, die mentale bzw. telepathische Kommunikation mit Tieren, auch Interspezies-Kommunikation genannt. Sie entwickelte sich Ende der 1970er Jahre in den USA und erlebt seit Ende der 1990er Jahre und derzeit auch bei uns ihren Höhepunkt. Die Idee der Telepathie bei Tieren wurde durch Rupert Sheldrake *(Der siebte Sinn der Tiere. Warum ihre Katze weiß, wann Sie nach Hause kommen ...,* 1999) populär gemacht. Unter den vielen Tierkommunikatoren sind Penelope Smith und Amelia Kinkade führend. Beide ähneln sich in ihrem Grundkonzept, das auf ganzheitlichem Denken basiert. So heißt es bei Smith: »Das menschliche Leben ist nicht das alleinige oder ultimative Leben, sondern nur ein Teil der Erfahrung des gesamten Lebensgewebes. Der Geist durchströmt alle Lebensformen; streifen wir aber die verschiedenen Kostüme ab, so sind wir alle gleicher Essenz« (dieses und die folgenden Zitate stammen aus *Gespräche mit Tieren,* 2004). Trotz der Unterschiede zwischen den Arten besitzen alle Lebewesen eine »spirituelle Natur« bzw. einen »spirituellen Kern« und alle Lebewesen können sich untereinander durch eine (telepathische) »Universalsprache« verständigen. Diese Universalsprache ist ein »direkter Zugang zu der Seele aller Wesen«, es ist eine »geistige Verständigung«, die jeder Mensch beherrschen kann, wenn er sich durch Zuhören und Aufmerksamkeit dafür öffnet – etwa indem man sich in ein Tier »hineinversetzt«.
Die Kommunikation zwischen Mensch und Tier erfolgt durch »Gefühle, Bilder, Eindrücke, Gedanken, verbale Botschaften, Töne, andere Wahrnehmungen oder einfach direktes Wissen«. Gleichzeitig ist es ein Weg der eigenen Bewusstseinserweiterung, »der Selbstentdeckung und der Verbindung mit dem Universum«. Im konkreten Alltag soll diese Art der Kommunikation aber auch einfach dazu dienen, Verhalten von Tieren richtig zu deuten und Verhaltensprobleme oder Krankheiten behandeln zu können.
Gerade an diesem Beispiel lässt sich – stellvertretend auch für viele andere Heilungstherapien – feststellen, dass zwar manches davon funktionieren mag, aber eben doch nicht alles. Es ist sicherlich zutreffend, dass Kommunikation mit Tieren möglich ist, wie die Verhaltensforschung seit Konrad Lorenz wissenschaftlich belegt hat und die Erfahrung von Hunde- oder Katzenbesitzern bestätigt. Aber dieser Kommunikation sind Grenzen gesetzt. Gäbe es eine Universalsprache, müssten da nicht zumindest die zwischenmenschlichen Beziehungen ohne Missverständnisse, Probleme oder gar Kriege ablaufen?

Kommunikation mit Tieren – sicher bis zu einem gewissen Grad möglich, aber auch per Telepathie oder »Universalsprache«?

Schamanismus

Der **traditionelle Schamanismus** ist ein religiöses Phänomen bei den Naturvölkern, das von der Esoterik übernommen und als sogenannter Neoschamanismus zu einer spirituellen Heilungstherapie entwickelt wurde.

Schamanismus ist keine eigenständige Religion, sondern ein Phänomen, das in verschiedenen Religionen auftritt. Eine allgemein akzeptierte Definition des Schamanismus gibt es bis heute nicht. Das Wort »Schamane« stammt von *saman* aus der Sprache der Tungusen, einem Volk in Sibirien. Die genaue Bedeutung ist unklar, es könnte auf das Verb *sa* (»wissen«) zurückgehen. Bei den Völkern in Sibirien und im nördlichen Zentralasien wurde vom 18. Jh. bis zum Beginn des 20. Jh. von westlichen Forschern der Schamanismus »entdeckt«, beobachtet und erforscht. Daher ist ein Teil der Völkerkundler der Meinung, der Schamanismus sei eine zeitlich und geographisch auf Nordasien beschränkte Erscheinung und alles andere sei kein echter Schamanismus. Für die Mehrheit der Ethnologen dagegen ist der Schamanismus ein Phänomen, das überall vorkommt.

Der Schamane ist in erster Linie ein Vermittler zwischen der diesseitigen und der jenseitigen Welt sowie ein Begleiter der Seele (»Psychopomp«), und in dieser Eigenschaft kommen ihm alle Tätigkeiten zu, die nach der Vorstellung der Naturvölker mit der Seele zusammenhängen: So an erster Stelle die Krankenheilung, die Begleitung der Seelen von Toten in das Jenseits, die Übergabe von Opfern, genauer, der Seelen der geopferten Tiere, an die Gottheiten und Geister, Zukunftsvorhersagen, das Auffinden von Jagdwild und anderes. Gesellschaftlich nimmt der Schamane eine zentrale, aber keine politische Stellung ein. Seine Bedeutung ist vergleichbar mit der des Priesters in den alten Hochkulturen. Häufig wird der Schamane mit einem Medizinmann gleichgesetzt, was so nicht angemessen ist: Die Hauptaufgabe des Schamanen ist die Krankenheilung, aber er hat auch noch andere Funktionen. Zwar ist jeder Schamane auch ein Medizinmann, aber nicht jeder Medizinmann ist ein Schamane.

Schamane aus Sibirien. Er trägt ein Schamanenkostüm in der Vogelgestalt seines Hilfsgeistes. Die Trommel ist ein wichtiges Instrument der Séance, die dem Schamanen nicht nur dazu verhilft, in Trance zu verfallen, sondern ihm auch bei der Reise in die jenseitige Welt dient.

Der Ethnologe Laszlo Vajda hat die charakteristischen Merkmale des Schamanismus zusammengefasst. Für ihn handelt es sich dabei um ein Phänomen, das auf Sibirien und das nördliche Zentralasien beschränkt ist.

- Rituelle Ekstase, d. h. entweder das Hinaustreten der Seele aus dem Körper (etwa um eine Reise ins Jenseits zu unternehmen) oder Besessenheit durch einen Geist.
- Direkter Kontakt mit Hilfsgeistern in Tiergestalt, die den Schamanen bei seiner Tätigkeit unterstützen. Meist ist einer der Hilfsgeister das Alter Ego des Schamanen, der Schamane kann sich dann in das entsprechende Tier, das den Geist darstellt, verwandeln.
- Die Berufung des Schamanen durch Schutzgeister erfolgt immer gegen den Willen des Auserwählten (ähnlich wie bei den alttestamentlichen Propheten). Der zukünftige Schamane erkrankt schwer und wird wieder gesund, wenn er sich zur Schamanentätigkeit bereit erklärt.
- Auf die Berufung erfolgt die Initiation, die Einweihung des Schamanen, die sich wiederum in einer

Krankheit (»Schamanenkrankheit«) äußert. Während der Schamane äußerlich krank daliegt, erlebt er seinen Tod und seine Wiederbelebung. Dabei wird sein Körper von Geistern zerstückelt und wieder zusammengesetzt. Danach ist er ein neuer Mensch.

- Jenseitsreisen, die der Schamane zwecks Ausführung seiner Tätigkeiten unternimmt. Um eine Krankheit zu heilen, muss der Schamane ins Jenseits reisen, um dort Kontakt mit den Geistern aufzunehmen und so die Ursache der Krankheit und die Möglichkeiten der Heilung herauszufinden.
- Schamanenausrüstung, wobei die Kleidung (die den tiergestaltigen Hilfsgeist des Schamanen symbolisiert) und die Trommel die wichtigsten Teile sind. Mit der Trommel versetzt sich der Schamane nicht nur in Ekstase, sie ist generell eng mit seinen Tätigkeiten verbunden – so dient sie auch als Mittel, um die Jenseitsreise durchzuführen.

Der Schamane wird dann tätig, wenn das normale Alltagsleben der Gemeinschaft oder eines ihrer Mitglieder gestört ist. Ursache der Störung ist meist Fehlverhalten der Gemeinschaft oder des Individuums und die entsprechende Reaktion der Geister oder Gottheiten in der jenseitigen Welt. In diesem Fall wird eine *séance*, eine »Sitzung« in einem besonderen Zelt, veranstaltet, an der der Schamane als Hauptakteur und die Gemeinschaft als »Zuschauer« teilnehmen. Zusammengefasst verläuft die Séance so: Durch Trommelmusik und Tanz versetzt sich der Schamane in Ekstase, während der er eine Jenseitsreise unternimmt. Der Schamane lässt die Gemeinschaft daran teilnehmen, indem er über seine Erlebnisse berichtet und sie pantomimisch darstellt. Im Jenseits sucht der Schamane, die Ursache der Störung her-

Schamane aus Kamtschatka (1776). Tanz und Trommeln helfen dem Schamanen, während der Séance in Ekstase zu verfallen und so mit den Geistern in der jenseitigen Welt in Kontakt zu treten, etwa um die Ursache einer Krankheit herauszufinden

auszufinden. Wurde etwa einem Kranken die Seele geraubt, versucht er sie einzufangen und in den Körper des Kranken zurückzuführen. Haben Dämonen oder ein Gegenstand von dem Körper des Kranken Besitz ergriffen, treibt der Schamane die Dämonen aus oder zieht den Gegenstand heraus.

Auch der Neoschamanismus bedient sich bevorzugt bestimmter Tiere als schamanistischer Hilfsgeister (aus *Karten der Kraft. Ein schamanistisches Einweihungsspiel in den »Pfad der Tiere«* von Jamie Sams und David Carson, 1988).

Faszinierend schon für die ersten westlichen Forscher war der Erfolg der Schamanen, hinter dem zumeist ein Betrug vermutet wurde. Auch als Psychopathen wurden die Schamanen eingestuft. In gewisser Hinsicht erinnert die schamanische Aktivität durchaus an Neurosen oder Epilepsie. Aber im Unterschied zum Epileptiker, der seine Anfälle nicht kontrollieren kann, hat der Schamane sich vollkommen unter Kontrolle und kann den ekstatischen Zustand jederzeit abbrechen. In den meisten Fällen waren und sind die Heilungsmethoden der Schamanen erfolgreich, nicht zuletzt deswegen, weil der Kranke dem Schamanen völlig vertraut und an seine Heilung glaubt und weil er durch die Anteilnahme der ganzen Gemeinschaft stabilisiert wird. Und schließlich kennt der Schamane seine Grenzen und versucht in der Regel keine Heilungen, die nicht Erfolg versprechen.

In Zentralasien und Sibirien ist der Schamanismus nach wie vor präsent und hat die Zeit des Kommunismus im Untergrund »überlebt«. Schamanistische Phänomene lassen sich weltweit bei den Indianern Nord- und Südamerikas, den Naturvölkern Ostasiens und Australiens konstatieren – in Afrika dagegen spricht man eher von Medizinmännern als von Schamanen.

Der **Neoschamanismus** beruft sich zwar auf den traditionellen Schamanismus der Naturvölker, aber es bestehen doch gravierende Unterschiede. Wegbereiter des Neoschamanismus war Carlos Castañeda (s. S. 102–104).

Sun Bear (1929–1992), ein Schamane bzw. indianischer Vertreter des Neoschamanismus.

Die Schamanentrommel, hier die Trommel von Sun Bear, ist auch im Neoschamanismus ein wichtiges Hilfsmittel.

Der Neoschamanismus ist charakterisiert durch Heilungs- und Schwitzhüttenzeremonie, Trance-Techniken ebenso wie andere pseudo-indianische Rituale – mit dem Ziel der Heilung von Körper und Seele und der Bewusstseinserweiterung. Auch in neoschamanistischen Kreisen sieht man nicht selten einen Dämon als Krankheitsursache an, und die Heilungsmethoden sind der einer Séance des traditionellen Schamanismus nicht unähnlich. Neoschamanistische Praktiken können aber auch ganz individuell und allein von Einzelnen durchgeführt werden.

Die Neoschamanen, auch »Plastikmedizinmänner« genannt, sind oft gekennzeichnet durch guruhaftes Auftreten und Vermarktung ihrer Praktiken und Lehren (z. B. Harley Reagan Swiftdeer, der bei seinen Reden sogar Werbung für Pepsi Cola betreibt). Bekannt wurde neben Swiftdeer vor allem der Neoschamane Sun Bear. Sein »Medizinrad« versteht sich als indianisches Horoskop mit Tierkreiszeichen aus der indianischen Umwelt und Mythologie (Biber, Adler etc.). Ähnliches gilt für das Medizinrad von Harley Swiftdeer, bei dem aber die Himmelsrichtungen und nicht Tierkreiszeichen im Vordergrund stehen. Sun Bear gründete den »Bären-Stamm« in Spokane (Washington), der aber nach Aussagen enttäuschter Anhänger wenig »indianisch« war.

Der Neoschamanismus rezipierte nie den speziellen Schamanismuskomplex einer konkreten Kultur, sondern bedient sich einzelner Elemente, Phänomene und Formen des traditionellen Schamanismus aus den unterschiedlichsten Kulturen und »aktualisiert« sie. Hinzu kommen Ingredienzien aus den unterschiedlichsten Kulturen und Religionen (Buddhismus, Hinduismus, Mystik, Kabbala, Tarot etc.). Allerdings ist gerechterweise auch anzumerken, dass jede Religion synkretistisch ist, also Elemente fremder Religionen aufnimmt und sich aneignet, und dass Religion nie eine statische Erscheinung ist, sondern sich ständig verändert. Der kulturelle, das heißt der zeitliche, räumliche und religiöse Kontext des traditionellen Schamanismus und somit sein funktionaler und strukturaler Sinn fällt im Neoschamanismus weg. So kann der Neoschamanismus bisweilen gänzlich säkularisiert als Heilungstherapie auftreten. Der ursprüngliche sozial-religiöse Tätigkeitsbereich des Schamanen als religiöser Mittler zwischen seiner Gemeinschaft und der jenseitigen Welt fehlt im Neoschamanismus bzw. hat sich zu einer individuellen Tätigkeit gewandelt. Die Heilungsfunktion des traditionellen Schamanen für seine Gemeinschaft wird im Neoschamanismus individualisiert, sie wird zur Individualtherapie. Die Berufung des Schamanen und die damit verbundene elitäre Position und Disposition des Schamanen (nicht jeder kann Schamane werden) werden im Neoschamanismus »demokratisiert«, das heißt, diese Art von Schamanismus kann von jedem erlernt und ausgeübt werden. So gehören selbst in Volkshochschulen Schamanismus-Seminare inzwischen zum Angebot.

Adler – ein weiterer Hilfsgeist in Tiergestalt (aus *Karten der Kraft. Ein schamanistisches Einweihungsspiel in den »Pfad der Tiere«* von Jamie Sams und David Carson, 1988).

Die christlichen Kirchen als Repräsentanten der offiziellen Religion (hier der Kölner Dom).

Esoterik und Christentum

Esoterik ist ein Teil der europäisch-christlichen Religionsgeschichte. Die meisten Esoteriker kommen nach wie vor aus dem Christentum und sind durch eine christliche Umwelt geprägt. Entsprechend bilden christliche Vorstellungen zwar oft den Ausgangspunkt esoterischen Denkens, aber in anderer Sichtweise, als sie vom offiziellen kirchlichen Christentum propagiert werden. In der Regel grenzte die Amtskirche diese Ansichten als ketzerisch oder nichtchristlich aus. Bewegungen wie die Gnosis, die Katharer, der Templerorden und die Gralsbewegung, die Rosenkreuzer bis hin zur Anthroposophie hatten ein alternatives Verständnis vom Christentum. Das Ergebnis ist, dass die Kirchen zwar die repräsentative, aber nicht die einzige Form des Christentums darstellen.

In der Religionsgeschichte beobachtet man häufig, dass sich religiöse Gruppierungen desto mehr bekämpfen, je ähnlicher sie sich sind. Eine der neueren Verlautbarungen des Vatikans *(Jesus Christus – Bringer des lebendigen Wassers. Eine christliche Reflexion über ›New Age‹*, 2003), die eine scharfe Trennung von Esoterik und Christentum fordert, hat ihren Grund nicht zuletzt darin, dass in der Esoterik eine Gefahr gesehen wird, die in der Ähnlichkeit und Vermischung beider besteht. Wie bei der Esoterik zeigt sich auch im kirchlichen Christentum ein zunehmendes Bedürfnis nach Spiritualität und Frömmigkeit, wie es sich in der Beliebtheit von Wallfahrten oder des Klosterlebens auf Zeit, vor allem aber auch beim letzten Papstwechsel gezeigt hat, und nicht zuletzt im wachsenden Interesse an anderen Religionen sowie in der Kritik an der hierarchischen Struktur und der Stellung der Frau in der Kirche.

Oft sind die Grenzen zwischen Esoterik und Christentum fließend. Die beiden Bereiche sind nicht streng getrennt. Und es kommt durchaus nicht selten vor, dass ein überzeugter Katholik seine Wohnung nach den Prinzipien von Feng Shui einrichtet, sich für sein Horoskop interessiert oder Tarotkarten auslegt. Ob spielerisch oder ernsthaft, bewusst oder unbewusst – er wendet dabei esoterische Praktiken an, die der katholische Katechismus verbietet. Phänomene esoterischer Weltanschauung und Praxis sind überall in der Gesellschaft präsent und Teil des gesellschaftlichen Lebens geworden, so dass eine strikte Ab- und Ausgrenzung – wie vom Vatikan gefordert – in der Realität illusorisch erscheint. Je nachdem, ob ein Mensch stärker zum Christentum oder zur Esoterik tendiert, kann man von esoterischem Christentum oder christlicher Esoterik sprechen. Eine christliche Annäherung an die Esoterik zeigt sich beispielsweise in der Ansicht, dass jede Religion Grundwahrheiten oder etwas »Christliches« enthält – wenn auch dem Christentum der Vorrang vor anderen Religionen gegeben wird –, oder darin, dass Christus und seine Heilstat Bedeutung nicht nur für die Menschheit, sondern für den gesamten Kosmos gehabt habe. Die Oppositionshaltung der Esoterik gegenüber der Amtskirche ergibt sich aus deren Anspruch, die alleinige Hüterin der Wahrheit und Tradition zu sein. So ist das Verhältnis von Esoterik und Christentum durch gegenseitige Ablehnung gekennzeichnet.

Es gibt eine ganze Reihe Persönlichkeiten, die in den Grenzbereich zwischen Esoterik und Christentum einzuordnen sind, an erster Stelle Eliphas Lévi (1810– 1875, eigentlich Alphonse-Louis Constant). Er war einer der Wegbereiter der modernen Esoterik. Eigentlich wollte er Priester werden, machte kurz vor seiner Weihe aber wegen einer Liebesbeziehung einen Rückzieher. Auch als Sozialist war er aktiv und wurde mehrmals verhaftet. Erst mit 43 Jahren begann er sich mit Esoterik zu beschäftigen. Er machte Begriffe wie »Esoterik« und »Okkultismus« populär. Von seinen 200 Büchern und Schriften ist *Dogma und Ritual der hohen Magie* als

Hauptwerk zu nennen, in dem er eine Ordnung des Kosmos nach kabbalistischem Vorbild mit dem Tarot verbindet. Dabei ordnete er den 22 großen Arkana des Tarots die 22 Buchstaben des hebräischen Alphabets zu. Er inspirierte in nicht unerheblichen Maß die Bildung des »Order of the Golden Dawn«. Ferner ist Thomas Merton (1915–1968) zu erwähnen, ein Trappistenmönch, der in den USA lebte und sich auch den ostasiatischen Religionen zuwandte und letztlich aus dem Kloster austrat.

Demgegenüber gibt es auch bekannte Persönlichkeiten der Kirchengeschichte, die sich zwar durchaus esoterischen Positionen annäherten, aber innerhalb der christlichen Kirchengemeinschaft blieben. So etwa katholischerseits Hildegard von Bingen, evangelischerseits Jakob Böhme, Angelus Silesius, Oetinger, Novalis, Saint-Martin oder Karl von Eckhartshausen.

Annäherungen an esoterische Positionen sind auch in der jüngeren christlichen Theologie festzustellen. So in der evangelischen Theologie bei Albert Schweitzer (1875–1965) der Gedanke der Einheit aller Lebewesen, den er als Postulat der »Ehrfurcht vor dem Leben« formulierte, ferner sein Interesse für ostasiatische Religionen, der Versuch, Natur und Vernunft mit Religion zu verbinden und die Betonung der Praxis von Religion im Alltag. Auch Dietrich Bonhoeffer (1906–1945) verweist auf die Praxis von Religion und er wandte er sich – während seiner Inhaftierung durch die Nazis – von einer dogmatischen Form der Religion, ab. Für Paul Tillich (1886–1965) bilden die Gottes- und die Selbsterfahrung eine Einheit.

In der katholischen Theologie sind Pierre Teilhard de Chardin, Matthew Fox und Eugen Drewermann zu nennen. Der Jesuit Pierre Teilhard de Chardin (1881–1955) sah Jesus als Zentrum des Universums, als kosmischen Christus und als Verkörperung der Selbstbewusstwerdung Gottes und berichtete 1916 von einer entsprechenden Vision. Zwar war für Teilhard das Christentum die wahre Religion, aber er stand auch den ostasiatischen Religionen sehr offen gegenüber. Teilhard be-

»Diese Welt steht im vermengten Leben der Zeit zwischen Licht und Finsternis als ein wirkender Spiegel der Beiden« (Jakob Böhme, *Dreyfaches Leben,* Amsterdam 1682).

einflusste maßgeblich die Idee der Einheit sowie die Christusvorstellung in der New-Age-Bewegung. Auch für Matthew Fox (geb. 1940), einen Dominikaner, ist Jesus der alles zusammenhaltende, kosmische Christus und die Verkörperung der Schöpfungsenergie. Fox griff den Gedanken des neuen Paradigmas des New Age auf und stellte den kosmischen Christus als *das* neue Paradigma schlechthin dar. Dabei sieht er den Anthropozentrismus, den Rationalismus, das Primat des Gehorsams und den Theismus als altes Paradigma abgelöst durch das neue Paradigma der lebendigen Kosmologie, der Ganzheit, Mystik, der Kreativität und des Pantheismus.

Gegenwärtig ist Eugen Drewermann (geb. 1940) unter den Grenzgängern zwischen Christentum und Esoterik sicher am bekanntesten. So haben für ihn die Ansätze C. G. Jungs sowie die Themen Heilung und Krankheit einen sehr hohen Stellenwert, statt einer historisch-kritischen bevorzugt er eine psychoanalytische Exegese der Bibel, wobei er beispielsweise Jesus als Schamanen einstuft. Am Christentum kritisiert er, wie die Esoterik, vor allem Dogma, Hierarchie, Natur- und Frauenfeindlichkeit.

Zur christlichen Esoterik gehören auch Spekulationen und haltlose Vorwürfe, so etwa, dass der Vatikan Schriften über die Beziehungen Jesu zu den Qumran-Essenern unter Verschluss halte. Tatsächlich sind die Texte von Qumran längst veröffentlicht und die Beziehungen Jesu zu dieser frühjüdischen Sekte von der historisch-kritischen Bibelwissenschaft gründlich untersucht. Ähnlich verhält es sich mit dem Wassermannevangelium, das der Geistliche Levi H. Dowling (1844–1901) in der *Akasha-Chronik* niederschrieb. Danach soll Jesus vor seinem öffentlichen Wirken in Indien, Tibet, Persien, Griechenland und Ägypten gewesen sein. Wenn auch stichhaltige Belege dafür fehlen, so lässt sich für den Esoteriker damit doch die Einbeziehung fremder Religionen gut begründen. Neuerdings wird durch Dan Browns Roman *The Da Vinci Code (Sakrileg)* wieder die These aktualisiert, dass Jesus verheiratet gewesen sei. Sie ist historisch nicht völlig unwahrscheinlich, da Heirat und Familie nach der jüdischen Religion für einen Mann ein Gebot sind. Die Faszination all dieser Theorien liegt für ihre Anhänger in der neuen Sicht der Gestalt Jesu.

Gerade die katholische Kirche hat durchaus die Möglichkeit, dem heutigen Bedürfnis nach Religiosität zu entsprechen, vor allem durch Ritus und Rituale Religion erfahrbar und erlebbar zu machen. Das hat nicht zuletzt der Papstwechsel 2005 gezeigt. Phänomene wie Mystik, Spiritualität und Meditation gehören von jeher zur katholischen Tradition, wenn auch nicht unbedingt als Erscheinungen von zentraler Bedeutung. Auch die

Jesus wird in der christlichen Esoterik gern als kosmischer Christus gesehen (Salvador Dalí: *Der Christus des heiligen Johannes vom Kreuz,* 1951, Glasgow, Glasgow Art Gallery and Museum).

Fähigkeit zur Anpassung an die Bedürfnisse der Zeit hat die katholische Kirche mit dem II. Vatikanischen Konzil (1962–1965) bewiesen. Heute erleben viele die Kirche als erstarrt und auf die kirchliche Lehre, auf das Dogma fixiert, wobei die aktuellen Probleme ausgeklammert und der Dialog mit der Gegenwart verweigert wird. Für viele scheint eher ein Rückzug die Antwort zu sein anstatt einer Wiederbelebung von vergessenen und vernachlässigten Traditionen.

Hildegard von Bingen (1098–1179) ist bis heute vor allem als Heilkundige (»Hildegard-Medizin«) bekannt. Sie ist in mehrfacher Hinsicht eine für das Mittelalter ungewöhnliche Frau: Nicht nur aufgrund ihrer Schriften, sondern auch wegen der Beschäftigung mit unterschiedlichsten Interessengebieten (Theologie, Musik, Natur- und Heilkunde) kann sie als Universalgenie gelten. Ungewöhnlich für eine Frau der damaligen Zeit war auch ihr öffentliches Auftreten, ihre Visionen, ihre Predigten und ihre Reisen. Predigen und Schreiben war den Frauen damals in der Kirche verboten (nach Galater 14,34). Schon zu Lebzeiten bildeten sich Legenden um Hildegard.

Hildegard stammte aus einem adligen Geschlecht in Bermersheim. Mit drei Jahren hatte sie ihre ersten Visionen, Lichterscheinungen, die sie ihr ganzes Leben lang begleiteten und über die sie erst sehr spät sprach. Hildegard wird immer wieder von verschiedensten Krankheiten heimgesucht. Mit 14 (oder mit 17) Jahren trat sie in den Benediktinerorden ein. 1151 zog sie mit einigen Nonnen auf den Rupertsberg in Bingen, wo sie ein Kloster erbauen ließ, das sie leitete und in dem sie bis zu ihrem Lebensende wohnte. 1165 kommt das Kloster in Rüdesheim-Eibingen hinzu. Neben der Leitung des Klosters unternimmt sie viele Reisen (Trier, Luxemburg, Köln, Schwaben) um zu predigen. Und sie heilt so erfolgreich Krankheiten, dass ihr schon sehr früh und verstärkt nach ihrem Tod Wundertätigkeit zugeschrieben und sie von der Kirche heiliggesprochen wurde.

Hildegard von Bingen – eine für die mittelalterliche Zeit ungewöhnliche Frau zwischen Christentum und Esoterik.

Von der Vielseitigkeit Hildegards zeugen auch ihre Schriften, die sie dem Mönch Volkmar und der Mitschwester Richardis von Stade diktiert. Zunächst beginnt sie 1141 mit den Visionsschriften (*Scivias*, »Wisse die Wege Gottes«, *Liber vitae meritorum*, »Das Buch der Lebensverdienste«, und *Liber divinorum operum*«, »Welt und Mensch«), 1151–1158 entstehen die natur- und heilkundlichen Schriften *Physica* (»Naturwissen«) und *Causae et curae* (»Heilwissen«). Zu erwähnen ist auch das musikalische Werk (einschließlich eigener

Kompositionen) sowie der umfangreiche Briefwechsel mit bedeutenden Persönlichkeiten ihrer Zeit (darunter Kaiser Friedrich I. Barbarossa, Bischöfe und Päpste).

Unter den Visionsschriften ist *Scivias* die bekannteste. Thema ist die Heilsgeschichte, aufgeteilt in drei Bücher über Schöpfung, Erlösung und Ende der Zeiten. Der Inhalt dieser Bücher wurde Hildegard in ihren Visionen durch eine Lichtgestalt offenbart, in der ihr das Göttliche erschien. Die beiden anderen Visionsschriften (»Das Buch der Lebensverdienste« und »Welt und Mensch«) bilden Fortsetzungen und Erweiterungen von *Scivias*, in denen Hildegard vor allem den Gedanken der gegenseitigen Entsprechung von Mikro- und Makrokosmos betont, der auch in den natur- und heilkundlichen Schriften maßgeblich ist. Das Buch »Heilwissen« geht von der Idee aus, dass Krankheit und Tod die menschliche Grundsituation bestimmen, die auf der Erbsünde beruht. Demgegenüber gibt es aber Heilung durch die Lebenskraft Gottes. Der Mensch bleibt gesund, wenn er maßhält und so die Elemente, Säfte und Temperaturen in ihrer natürlichen Ordnung nicht stört. Die Heilkunst der Hildegard von Bingen beruht auf einer Mischung aus naturwissenschaftlichen Beobachtungen und Volksmedizin. Ungeachtet ihrer Popularität sind die von ihr beschriebenen Therapien nach heutigem schulmedizinischem Standpunkt nicht immer als zutreffend einzuordnen.

Das bis heute bestehende Kloster der Hildegard von Bingen in Rüdesheim-Eibesfeld.

Wendezeit – Esoterik und Wissenschaft

Entsprechend dem ganzheitlichen Denken trennt Esoterik nicht immer wissenschaftliches und religiöses Wissen, sondern versucht, die wissenschaftliche Erkenntnis der Welt mit der religiösen Erkenntnis des Absoluten zu verbinden. Der Esoterik geht es sowohl um Erkenntnis naturwissenschaftlicher als auch – und vor allem – transzendenter Zusammenhänge. Für eine solche Einheit von Religion und Wissenschaft bzw. für ein die ganze Kultur prägendes Weltbild gibt es in der Religionsgeschichte viele Beispiele, angefangen bei den archaischen Kulturen, den frühen Hochkulturen bis zu den Religionen der sogenannten Naturvölker heute. So waren die alten Kulturen der Sumerer, Babylonier oder auch der Maya für ihre astronomischen Kenntnisse bekannt, diese hatten aber einen religiösen Hintergrund und standen sozusagen im Dienst der Religion. Mit Beginn des Christentums begann sich die Wissenschaft eigenständig zu entwickeln, auch wenn eine vollständige Trennung und Ablösung von der Religion nicht sogleich erfolgte. So galt in Europa lange Zeit die Theologie an den Universitäten als *die* Wissenschaft schlechthin, der alle anderen Wissenschaften untergeordnet waren. Mit der Entwicklung der Wissenschaft als eigenständigem, von der Religion vollkommen unabhängigem Bereich hat sich ein Spannungsverhältnis zwischen Religion und Wissenschaft herausgebildet, deren prominenteste Exponenten Galilei und Darwin mit ihren Theorien sind.

In der Frühzeit waren Religion und wissenschaftliche Beobachtung nicht voneinander getrennt; hier die 3600 Jahre alte Himmelsscheibe von Nebra (Sachsen-Anhalt), die sich gegenwärtig zum Touristenmagneten (und Höhepunkt eines Erlebniszentrums) entwickelt.

Prinzipiell sind Wissenschaft und Religion zwei unterschiedliche Erfahrungsweisen und -bereiche, zwischen denen nur bis zu einem gewissen Grad eine Beziehung möglich ist. Wissenschaft zielt auf die technische Bewältigung des Alltagslebens, Religion auf die Sinngebung und Sinnerfüllung des Lebens vor allem in Krisensituationen. Grenzfälle und Spannungen zwischen Wissenschaft und Religion gibt es aber nach wie vor, vor allem etwa in der Frage, wann menschliches Leben anfängt oder aufhört (Gen- und Stammzellenforschung). Trennt man nicht zwischen Religion und Wissenschaft, besteht die Gefahr, dass beide instrumentalisiert und ideologisiert werden. Andererseits kann Religion durchaus ein sinnvolles Regulativ für wissenschaftliche Forschung sein, wie etwa im Fall der modernen Bioethik.

Die Esoterik unterscheidet sich vor allem durch das Analogie- oder Entsprechungsdenken vom wissenschaftlichen Denken, das von einem Zusammenhang zwischen Ursache und Wirkung ausgeht. Die Esoterik trennt auch nicht wie die Wissenschaft zwischen einer empirisch erfahrbaren Welt des Diesseits und einer geistigen, spekulativen jenseitigen Welt, sondern sie bewegt sich zwischen diesen beiden Bereichen bzw. im Grenzbereich zwischen Religion und Wissenschaft. Sie beschäftigt sich aber letztlich mehr mit der geistigen, transzendenten als mit der materiellen Welt. Esoterik stand jahrhundertelang im Gegensatz zur Kirche, mit Beginn der modernen Naturwissenschaft trat die Opposition zwischen Esoterik und Wissenschaft in den Vordergrund. Inzwischen treten diese Gegensätze weniger stark zutage, denn im Bereich der Physik führten Kybernetik, Quantenphysik und Chaostheorie zu vollkommen neuen Erkenntnissen und zu einer neuen Offenheit für andere Wege in der Wissenschaft. Auch zwischen Tiefenpsychologie und Esoterik besteht eine große Nähe.

Die **Kybernetik** (von griechisch *kybernetes*, »Steuermann«) ist die Wissenschaft von der Steuerung und Regelung der Informationsübertragung in Systemen wie Maschinen, Organismen und menschlichen Gesellschaften. Die

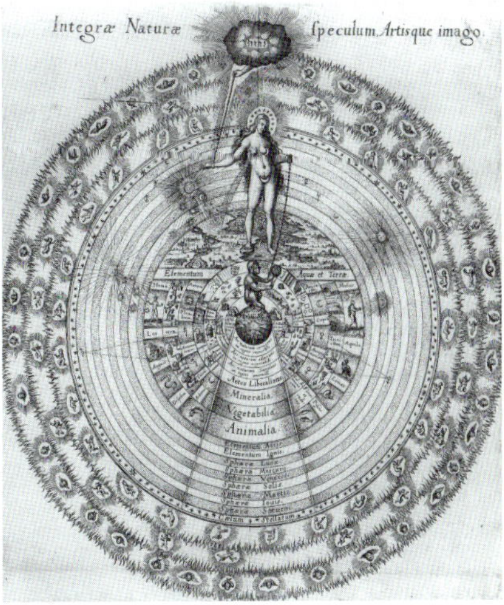

Verbindung und Einheit von Wissenschaft und Religion war immer ein Anliegen der Esoterik. Hier eine Darstellung des Weltbildes von Robert Fludd (1574–1637), einem bedeutenden Arzt und Kabbalisten, der mit seinen Vorstellungen im Gegensatz zum rein wissenschaftlichen Denken eines Johannes Kepler stand. Die Darstellung zeigt Gott (Kreis oben mit den hebräischen Buchstaben für Jahwe), der die Natur (Frau) beherrscht, die wiederum über Erde und Mensch (Affe) herrscht (aus *Utriusque Cosmi*, um 1617, Houghton Library, Harvard University, Cambridge, Massachusetts).

Auch die sogenannten Neuen Wissenschaften basieren auf einem ganzheitlichen Weltbild (hier Spiralgalaxie NGC 300).

Kybernetik ist im weiteren Sinn eine fächerübergreifende Theorie über die Regulierung und das Funktionieren von Systemen, die ihre Anwendung nicht nur in Physik und Technik, sondern auch in der Biologie, Sozialwissenschaft, Psychologie und Pädagogik findet. Die Kybernetik fokussiert ihr Interesse nicht auf die Einzelteile eines Systems, sondern auf die Zusammenhänge zwischen den Einzelteilen und auf das System als Ganzes. Kybernetik wendet sich gegen eine eindimensionale Sicht, die sie u. a. für die heutige Umweltkrise verantwortlich macht. Hier ergibt sich eine Parallele zum ganzheitlichen Denken der Esoterik.

Die **Quantenphysik**, um die Wende vom 19. zum 20. Jh. von Max Planck, Albert Einstein und Niels Bohr entwickelt, basiert auf der Vorstellung, dass die Atome Strahlungsenergie in Energiequanten (Energieportionen) aufnehmen oder aussenden. Im Unterschied zur klassischen Physik hat die Quantenphysik gezeigt, dass nicht Atome die kleinsten »Teilchen« der Materie sind, sondern, dass ein Quant (von lateinisch *quantus*, »wie viel«) die kleinste, unteilbare Einheit ist, eine Energieansammlung ohne feste, konkrete Form. Die Wahrnehmung der Quanten als Energiewelle oder Materie hängt vom Beobachter ab, ohne Beobachtung befinden sich die Quanten in einem unbestimmbaren Zustand. In der Esoterik, vor allem New Age, werden diese Erkenntnisse auf den Bereich der Bewusstseinserfahrung übertragen und daraus die Schlussfolgerung abgeleitet, dass die Realität vom Bewusstsein abhängig oder beeinflussbar ist bzw. dass empirisch nicht zwischen Beobachter und Beobachtung zu trennen ist.

Die **Chaostheorie** geht davon aus, dass die Prozesse in der Natur sich nicht voraussagbar stetig, sondern sprunghaft (chaotisch) vollziehen. Dahinter steht aber letztlich doch eine Ordnung, die allerdings nicht den gewohnten Kriterien des von Descartes geprägten Weltbildes, sondern ganz anderen, neuen Kriterien entspricht. Die Gemeinsamkeit mit der Esoterik ergibt sich auch hier durch das Interesse an den Zusammenhängen des Ganzen.

Die **Naturphilosophie** beschäftigt sich mit der Erkenntnis von Erscheinung, Wesen und Gesetzen der Natur. Ursprünglich war sie als umfassende Welterklärung eine Vorstufe der Naturwissenschaft, bis in der Spätantike die Trennung zwischen beiden erfolgte. Die Renaissance übernahm die naturphilosophischen Vorstellungen der Spätantike. Es dominierten die Ideen des Paracelsus und die Auffassung der Hermetik, dass mit der Erkenntnis der Natur auch die Erkenntnis Gottes ermöglicht werde. Der Idealismus und seine Vertreter wie Schelling und Hegel versuchten die Naturzusammenhänge in ein System zu fassen. Für die Romantik waren Natur und Geist identisch. Als Reaktion auf die modernen Naturwissenschaften versuchte man dann ein naturwissenschaftliches Weltbild auf monistischer, mechanistischer oder vitalistischer Basis zu entwickeln. Nach einem Rückzug in nichtwissenschaftliche Bereiche zeichnet sich seit Ende des 20. Jh. eine Wiederbelebung auf einer naturwissenschaftlichen Basis ab, schon allein deswegen, weil die Vertreter vorwiegend Naturwissenschaftler sind, die meist aus den Bereichen Quantenphysik und Chaostheorie kommen. Sowohl in der Naturphilosophie als auch in der Esoterik wird der Natur eine besondere Stellung eingeräumt, aber im Unterschied zur Naturphilosophie geht es der Esoterik primär um Selbsterkenntnis und weniger um Naturerkenntnis.

Ein Grenzfall zwischen Wissenschaft und Esoterik ist die **Tiefenpsychologie von C. G. Jung**. Psychologie und Esoterik haben nicht nur ein verwandtes Tätigkeitsfeld, sie ähneln sich auch in ihrer Praxis. Dies zeigt sich schon bei der Übernahme psychologischer Termini in der Esoterik (das Selbst, das höhere Selbst, das Unbewusste, Archetyp etc.). Bewusstsein und Bewusstwerdung spielen eine wichtige Rolle für die Heilung sowohl

Carl Gustav Jung (1875–1961) hatte großes Interesse an der Alchemie und wirkte seinerseits auf die Esoterik zurück.

in der Esoterik (als Selbsterkenntnis) als auch in der Psychologie (als Selbsterfahrung). Beide unterscheiden sich aber darin, dass die Psychologie letztlich mehr an der empirisch-modellhaften Darstellung, die Esoterik mehr an den transzendenten Zusammenhängen interessiert ist.

C. G. Jung (1875–1961) hatte entscheidenden Einfluss auf die heutige Esoterik, vor allem sein Verständnis der Seele, von »Ich« und »Selbst«, wurde für die Esoterik maßgebend. Er lieferte mit seinem Seelenkonzept die Grundlage für die Sakralisierung bzw. Heiligung der menschlichen Seele. Die Seele ist für Jung Teil und Ausdruck des universalen Geistes. So Jung selbst: »Es wäre eine Blasphemie, zu behaupten, dass sich Gott überall offenbaren könne, nur gerade nicht in der menschlichen Seele« (*Psychologie und Alchemie*). Und weiter: »Es ist darum psychologisch gänzlich undenkbar, dass Gott das ›ganz andere‹ schlechthin sein sollte; denn ein ›ganz anderes‹ ist niemals das der Seele innigst Vertraute, was Gott eben auch ist«. Jung will damit nicht die Existenz Gottes beweisen, aber die Existenz »eines archetypischen Bildes Gottes«, das die »wesenhafte Identität von Gott und Mensch« (ebd.) spiegelt und das er auch als »inneren Gott« bezeichnet. Seine Idee der »Archetypen« als universale, das heißt weltweit gebräuchlicher Symbole der menschlichen Seele bildete die Grundlage für die psychologische Deutung vor allem alchemistischer und astrologischer Symbole.

Entsprechend kommt die Vereinnahmung Jungs durch die Esoterik nicht von ungefähr: nicht nur, dass seine Psychoanalyse Ansätze für eine esoterische Interpretation bietet, Jung zeigte selbst ein starkes Interesse für die Bereiche des Religiösen, insbesondere des Okkulten, der Alchemie, der antiken Gnosis und der ostasiatischen Religionen. Hier verfügte er über ein umfangreiches Wissen, nicht nur aufgrund intensiver Lektüre, sondern auch durch persönliche Kontakte, etwa zu Rudolf Steiner. Der Blick auf Jungs eigene Publikationen bestätigt diesen Eindruck (beispielsweise die Doktorarbeit *Zur Psychologie und Pathologie sogenannter okkulter Phänomene*, 1902, oder *Psychologie und Alchemie*, um nur zwei zu nennen). Dieses Interesse unterschied Jung wesentlich von Sigmund Freud, der nach eigener Aussage eine »durchaus ablehnende Einstellung zur Religion in jeder Form und Verdünnung« hatte und sich entschieden gegen die »schwarze Schlammflut des Okkultismus« wandte.

Jung sah die Alchemie als »Brücke« zwischen Gnosis und moderner Psychologie: »Sehr bald habe ich gesehen, dass die Analytische Psychologie mit der Alchemie merkwürdig übereinstimmt« (*Erinnerungen, Träume, Gedanken*, 1963, 209).

Jungs Lehre von »Animus« und »Anima«, die er als die *»angeborene psychische* Struktur« eines jeden Menschen ansieht, entspricht zum einen der chinesischen

Bestimmte Traumbilder, die Archetypen, sind – nach der Tiefenpsychologie von C. G. Jung – in allen Kulturen gleich (Salvador Dali, *Erscheinung von Gesicht und Obstschale an deinem Strand*, 1938, The Wadsworth Atheneum, Hardtford, Conn.).

Tiefenökologie verbindet Wissenschaft, Spiritualität, Ethik und eine biozentrische Sicht der Natur (Henri Rousseau, *Der Traum,* 1910, The Museum of Modern Art, New York).

Lehre von Yin und Yang (Jung schrieb auch einen Kommentar zum *I Ging*), zum anderen lässt sich darin eine gewisse Aufwertung des Weiblichen als gleichberechtigt mit dem Männlichen sehen, wie sie auch in der Esoterik gern betont wird. »Animus« ist für Jung das unbewusste Bild der Frau vom Mann und »Anima« das unbewusste Bild des Mannes von der Frau. Somit gleicht Anima das männliche und Animus das weibliche Bewusstsein aus.

Jungs Tiefenpsychologie wurde durch die **transpersonale Psychologie** von Stanislav Grof (geb. 1931) im esoterischen Bereich fortgeführt. Die transpersonale Psychologie kann man – ebenso wie die Tiefenökologie – als alternative oder esoterische Wissenschaft einordnen. Bei der transpersonalen Psychologie geht es um die Erforschung »anderer« Bewusstseinszustände wie Schlaf, Traum, Trance, Ekstase etc., im Unterschied zum »normalen«, alltäglichen Wachbewusstsein. Die transpersonale Psychologie sieht die menschliche Seele in einem kosmischen Gesamtzusammenhang und versucht dies mit einem psychologischen Modell anhand außergewöhnlicher Bewusstseinszustände zu erklären. Wichtigster Vertreter ist neben Grof, der durch seine LSD-Erfahrungen und -versuche bekannt wurde, Ken Wilber (geb. 1949). Durch die Unterscheidung einer Tiefen- und Oberflächenstruktur von außergewöhnlichen Bewusstseinzuständen im religiösen Bereich gelang es ihm, Gemeinsamkeiten (aber auch Unterschiede) zwischen mystischen und schamanistischen Erlebnissen herauszuarbeiten.

Tiefenökologie ist ein Konzept, das Ansätze aus Politik, Biologie, Ethik und Spiritualität miteinander zu einer ganzheitlichen, biozentrischen Sicht der Natur und praktisch-moralischen Forderungen verbindet. Hierbei wird die »Einheit der Welt« betont, im Unterschied zu einer anthropozentrischen Sicht der Natur, bei der der Mensch im Mittelpunkt steht. Nicht nur die Erkenntnis der Erde als ein Netz von miteinander verbundenen Lebewesen, Naturerscheinungen und Vorgängen, sondern auch die praktisch-spirituelle Erfahrung (Rituale etc.) und Umsetzung dieser Erkenntnis (Einsatz für den Umweltschutz) sind für die Tiefenökologie entscheidend. Der Begriff »deep ecology« wurde erstmals 1973 von dem norwegischen Philosophen Arne Naess (geb. 1912) verwendet. Letztlich gehört auch die Gaia-Hypothese von James Lovelock in diesen Kontext, nach der die Erde (»Gaia«) ein lebender Organismus ist. Bei den Konzepten und Vertretern der Tiefenökologie ist entweder eine stärker esoterisch-spirituelle (etwa bei Dolores LaChapelle) oder eine meher wissenschaftliche Ausrichtung (David Peat, Rupert Sheldrake, Fritjof Capra) festzustellen.

Als Grenzgänger zwischen Naturwissenschaft und Esoterik sind beispielhaft **Fritjof Capra** und **Rupert Sheldrake** zu nennen. Fritjof Capra (geb. 1939), promovierter Physiker, geht es in seinen Büchern *Das Tao der Physik* (1975), *Wendezeit. Bausteine für ein neues Weltbild* (1983) und *Das neue Denken* (1987) um ein ganzheitliches Weltbild für die Zukunft. Damit verbunden ist eine Abkehr von

Waren die Götter Astronauten?
Wissenschaftlich nicht erwiesen, aber immer wieder eine reizvolle Spekulation: es gibt zahllose Theorien über die Existenz von UFOs und außerirdischen Lebewesen, die unsere Erde besuchen. Auch die Wissenschaft beschäftigt sich durchaus mit der Frage, ob es außerirdisches Leben gibt, hat diese aber bis heute nicht eindeutig klären können. Großen Erfolg hatte in den 1970er Jahren Erich von Däniken mit seinen Büchern, in denen er die These vertrat, dass die menschliche Kultur allgemein und insbesondere die alten Hochkulturen ihre Entstehung dem Besuch von Außerirdischen zu verdanken hätten, die dann in den Religionen als Götter verehrt worden seien. Däniken hat dabei den Vorteil, überall da, wo die exakten Wissenschaften an ihre derzeitigen Grenzen stoßen und keine Erklärung abgeben können, den außerirdischen Einfluss ins Spiel bringen zu können.

Fritjof Capra (geb. 1939)

der bisherigen mechanistischen, durch Descartes und Newton geprägten, Vorstellung des Lebens und der Wirklichkeit in den Wissenschaften und die Hinwendung zu einer ganzheitlichen, »neuen Sicht der Wirklichkeit«. Auf diesen Wechsel des Weltbildes bezieht sich der – dem Buch *I Ging* entlehnte – Ausdruck »Wendezeit«. Im *Tao der Physik* geht es Capra vor allem um die Ähnlichkeiten, die er zwischen östlicher Mystik und den neuen Wissenschaften aufgrund des ganzheitlichen Weltbildes sieht. Als Problemlösung fordert Capra einen »Paradigmenwechsel«, das heißt einen radikalen Weltbild- und Wertewandel. Das neue, ganzheitliche Denken ist ein systemisches bzw. ökologisches Denken, das Welt und Universum als Systeme begreift, die als Ganzheiten in wechselseitiger Beziehung und Abhängigkeit voneinander stehen. Praktisch umgesetzt sieht Capra dieses neue Denken seit den 1960er/70er Jahren in Entwicklungen wie der Ökologie- und Friedensbewegung, der Frauenbewegung sowie in der ganzheitlichen Medizin. Capra selbst hat 1984 ein Ökoinstitut in Berley (Elmwood Institute) gegründet.

Rupert Sheldrake (geb. 1946 in England), Biochemiker von Haus aus, entwickelte in seinen Büchern *Das schöpferische Universum* (1983) und *Das Gedächtnis der Natur* (1990) eine Theorie der »morphogenetischen Felder«. Bei diesen handelt es sich um »selbstorganisierende Ganzheiten« mit einem räumlichen und zeitlichen Aspekt. Sie fungieren bei den verschiedenen Arten von Lebewesen wie eine Art kollektives Gedächtnis, das durch entsprechende Wiederholung zur Ausbildung von bestimmten Verhaltens- und Denkmustern führt. Diesen morphogenetischen Feldern spricht Sheldrake göttliche Eigenschaften zu. In seinem Buch *Die Wiedergeburt der Natur* (1991) postuliert Sheldrake ein neues, ganzheitliches Verständnis der Natur im Sinne ihrer Lebendigkeit und Heiligkeit – im Gegensatz zur bisherigen mechanistischen Auffassung. Auch mit Tierkommunikation hat sich Sheldrake beschäftigt (*Der siebte Sinn der Tiere*, 1999, s. S. 137).

Esoterik in der Kritik – Versuch einer Einordnung aus religionswissenschaftlicher Sicht

Trotz ihres Erfolges steht die Esoterik auch oft genug im Zielfeuer der Kritik, vor allem von kirchlicher Seite. Die wichtigsten Kritikpunkte werden im Folgenden zusammengefasst:

- Esoterik ist Aberglaube und Satanismus
  Speziell von kirchlicher Seite wird der Esoterik Aberglaube vorgeworfen und ebenso auch Satansverehrung (seit den frühesten Häresieverfolgungen ein beliebter Vorwurf). Es gibt zwar gewisse Verbindungen zwischen Esoterik und Satanismus, aber Satanismus ist kein wesentlicher Teil der Esoterik. Er ist als extreme Randerscheinung einzustufen, und der Bezug oder besser Gegensatz zum Christentum ist dabei entscheidender für das Selbstverständnis als die Beziehung zur Esoterik: nämlich Satanismus als Reaktion und Pervertierung der christlichen Religion (Verehrung des Satans statt Gottes, »schwarze Messen« etc.). In diesem Zusammenhang ist zu fragen, ob und inwiefern unser Bild von Satanismus durch ein Konstrukt der Medien geprägt ist.
- »Okkultismus ist die Metaphysik der dummen Kerle«, so Theodor W. Adorno (*Minima Moralia*, 1951).
  In diesem Sinne wird der Esoterik Unsinn, Trivialität und Naivität vorgeworfen, was sicher zum Teil durchaus zutrifft. In diesem Zusammenhang wird auch gerne darauf verwiesen, dass in der Esoterik ein qualitativ hoch entwickeltes Gedankenkonzept oder eine entsprechende Theologie fehlt. Aber zum einen ist eine Theologie im Sinne einer dogmatischen Lehre der Esoterik fremd, sie ist an der Praxis orientiert. Zum anderen sind diesbezüglich durchaus, allein in neuerer Zeit, Vertreter der Esoterik oder solche, die ihr nahe stehen zu nennen, wie etwa Rudolf Steiner, C. G. Jung, F. Capra, R. Sheldrake oder E. Drewermann. Es ist auch die Gegenfrage zu stellen, ob der Durchschnittschrist an den aktuellen theologischen Problemen partizipiert und ob sein Glaubensinhalt sich gedanklich und geistig wirklich auf einem so viel

Selbstbedienung auf dem Markt der Religionen? Fu-Hunde (vor einem Tempel in China) sind das Vorbild für die in der Esoterik so beliebten Glücksbringer.

höherem Niveau bewegt als der eines Esoterikers. Der Vorwurf der »Dummheit« bezieht sich auch auf das Verhältnis von Esoterik und Wissenschaft. Dabei sollte indessen berücksichtigt werden, dass sich vor allem in der Quantenphysik, in der Kybernetik und in der Chaostheorie durchaus gewisse Annäherungspunkte zwischen Esoterik und Wissenschaft ergeben haben. Zum anderen wurden in der Geschichte der Naturwissenschaft neue Erkenntnisse zunächst oft als Unsinn eingestuft. So bezeichnete Galilei Keplers Begründung der Gezeiten mit der Anziehungskraft des Mondes als »okkulte Wahnvorstellung«.

- Esoterik ist apolitisch
  Die Esoterik sei ein Rückzug in den individuellen Bereich und gehe mit apolitischem Verhalten einher, so heißt es. Ein Vorwurf, der so nicht stehen bleiben kann, bedenkt man nur die Verbindung von New Age zur Umweltschutz- und Friedensbewegung und der feministischen Bewegung. Die Entstehung von Bewegungen wie den »Grünen« oder Greenpeace ist ohne New Age und das Interesse an indianischer Spiritualität gar nicht denkbar. Es gibt in Deutschland sogar eine esoterisch orientierte Partei, die zur Bundestagswahl antritt. Allerdings dürfen auch die Schattenseiten nicht verschwiegen werden, wie Rassismus und Antisemitismus in einigen neuheidnischen Gruppierungen. Die Tendenz zum Individuellen und zum apolitischen Verhalten scheint eher ein allgemeines Phänomen der heutigen Gesellschaft zu sein.
- Esoterik ist beliebig
  In der Tatsache, dass in der Esoterik eine organisierte Gemeinschaft und eine feste Lehre fehlen, sehen viele die Gefahr, dass hier für jede Irrlehre, Verführung

und jeden Unsinn Tür und Tor geöffnet sind. Dies ist mit Sicherheit ein Risiko, die Möglichkeit der individuellen, freien Ausübung von Religion erscheint aber gerade in der heutigen Zeit für viele ansprechend. Hier ist zu fragen, ob eine dogmatische Lehre und ihre unflexible Anwendung ohne Rücksicht auf eventuelle zeitgemäße Anpassungen und eine Verweigerung jeglicher Diskussion darüber nicht gerade die Gründe dafür liefern, dass sich viele von der offiziellen Kirche abwenden.

- Esoterik ist synkretistisch und eine Patchwork-Religion
  Verbunden mit dem Vorwurf der Beliebigkeit ist der des Eklektizismus und Synkretismus, also der – eben beliebigen – Aufnahme von Elementen unterschiedlicher Kulturen und Traditionen und deren Vermischung. Tradition und Religion sind aber keine statischen, sondern dynamische Phänomene, die Veränderungen unterliegen und in Kontakt mit anderen Kulturen und Religionen stehen. Synkretismus hat es immer gegeben, alle Religionen, auch das Christentum, sind letztlich synkretistisch – keine Religion ist aus dem Nichts entstanden. So ist das Christentum aus dem Judentum entstanden, hat vieles davon übernommen, ebenso wie Elemente aus den sogenannten heidnischen Religionen. In Zeiten der Globalisierung liegt es auf der Hand, dass eine neue religiöse Bewegung wie die Esoterik noch viel starker die Möglichkeit hat, auf fremde Kulturen und Religionen zurückzugreifen. Kritisch gesehen werden muss aber hierbei die Vereinnahmung fremder Kulturen, wenn diese dabei ihre eigene Tradition und ihren Eigenwert durch Vermarktung und Trivialisierung einbüßen.

Auch kommerzielle Interessen prägen das Esoterikangebot und Popstars wie hier Madonna (mit roten Kabbalabändern und Kabbala-Wasser) geben den Modetrend an.

Gerade die Einstellung zum Tier als beseeltem Wesen, das Anteil an der göttlichen Energie hat, ist ein fundamentaler Unterschied zwischen Esoterik und Christentum, der sich praktisch-politisch im Tierschutz zeigt.

- Esoterik ist konsumorientiert
  Konsumorientiertes Denken, wie man es der Esoterik vorwirft, ist ein allgemeines Phänomen unserer Zeit. Nebenbei sei angemerkt, dass eine wirtschaftliche Orientierung auch den christlichen Kirchen nicht abzusprechen ist. Bis heute ist die christliche Kirche in der Gesellschaft ein wichtiger und wesentlicher Macht- und Wirtschaftsfaktor. Kritisch zu sehen ist allerdings der »Konsum« der Esoterik im psychologischen Bereich: Das Bedürfnis und die Suche nach Lebenssinn wird nicht selten durch Medien, Seminaren etc. als »Ware« im wahrsten Sinn des Wortes vermarktet und ausgenutzt.
- Esoterik trennt nicht zwischen Religion und Wissenschaft
  Auch das ganzheitliche Denken bzw. das Zusammendenken von religiösen, ethischen und wissenschaftlichen Fragen und Problemen wird der Esoterik vorgeworfen. Dies ist sicher nicht immer unproblematisch, aber es war auch durchaus effektiv, denkt man an den esoterischen Beitrag zur Bewusstwerdung der ökologischen Krise. Und auch für die Lösung der Umweltproblematik erweist sich eine ganzheitliche Sicht als praktikabler als ein dualistisch-mechanistisches Weltverständnis im Sinne von Descartes. So wird im Christentum etwa ein konkreter, praktischer Tierschutz durch die anthropozentrische Sichtweise erheblich erschwert: Man sieht – dualistisch – einen fundamental-wesentlichen Unterschied zwischen Mensch und Tieren, wobei der Mensch als Krone der Schöpfung gilt, und erkennt den Tieren Verstand, Seele sowie eine eigene Würde ab. Verbunden mit der durch

»Ein und derselbe Mond spiegelt sich in allen Wassern.«

Descartes vertretenen Ansicht, Tiere seien wie Maschinen und hätten kein Schmerzempfinden führte dies schließlich zu einer Degradierung der Tiere zu Sachen, wie in der Massentierhaltung. Im ganzheitlichen Weltverständnis der Esoterik (und auch im Hinduismus und Buddhismus) sieht man nur einen graduellen, keinen wesenhaften Unterschied zwischen Mensch und Tier und damit eine Verwandschaft aller Lebewesen.

Zusammenfassend kann man sagen, dass die Kritik an der Esoterik oft einseitig ist. Viele der Kritikpunkte treffen natürlich auch auf andere Religionen zu, zumal auf das Christentum. Esoterik ist als religiöse Erfahrung nicht weniger Menschen ernst zu nehmen und zu respektieren. Und die christlichen Kirchen sollten Esoterik nicht nur als Provokation, sondern auch als Chance verstehen. Um mit dem Gleichnis »Mond der Wahrheit« aus dem Zen-Buddhismus abzuschließen:

»Ein und derselbe Mond
spiegelt sich
In allen Wassern.
Alle Monde im Wasser
Sind Eins in dem einen
einzigen Mond.«

(Joka, 700 n. Chr.)

Was macht Esoterik so faszinierend?

Die moderne Esoterik hat ihre Wurzeln zu einem nicht unwesentlichen Teil in der 1968er Bewegung. Sie war zunächst Ausdruck einer gegenkulturellen Bewegung, vor allem Opposition zur offiziellen Religion, aber auch Weltflucht. Aus der Frustration durch die zunehmende soziale und ökologische Krise folgte eine Faszination für das Neue und Fremde bzw. der Exotik als Alternative zu herkömmlichen Religionsformen, Ideologien, Lebensformen und Heilungsmethoden.

Ein wesentlicher Punkt ist auch der Verlust von Religion im Zeitalter der Moderne (und Postmoderne), das durch Säkularisierung, Technologisierung und Entfremdung geprägt ist. Der Soziologe Max Weber spricht von »Entzauberung«. Esoterik füllt hier eine Lücke und setzt dem eine »Wiederverzauberung« entgegen. Hinzu kommt die Sehnsucht nach der Verbundenheit und Einheit mit der Natur, die man als ursprünglichen Zustand ansieht, und der Wunsch nach Selbst- bzw. Identitätsfindung durch Bewusstseinserweiterung.

Im Unterschied zu der meist als Äußerlichkeit empfundenen Praxis der christlichen Kirchen verspricht Esoterik spirituelle Erfahrung und Erleben von Religion. Zum anderen entspricht Esoterik dem Zeitgeist dadurch, dass sie eine individuelle Form von Religion anbietet, frei von den Zwängen einer festen Lehre, eines Dogmas oder der Gemeinschaft. Esoterik verfügt in den Zeiten der Globalisierung über eine große Integrationskraft, indem sie offen und aufnahmefähig ist für fremde Kulturen und Religionen, die sie entsprechend überformen und modernisieren kann. Und schließlich versucht Esoterik die Auseinandersetzung mit den Problemen der Zeit, wie beispielsweise den ökologischen Problemen. Kurz: Man erhofft sich von den neuen, esoterischen Heilslehren prinzipiell die Lösung individueller und universaler Probleme.

Die Globalisierung stellt alle Religionen und Weltanschauungen vor bis heute ungelöste Probleme wie z.B. Kriege und Unterdrückung, Hunger und Armut, Umweltzerstörung und Industrialisierung, und jede Religion sollte auch daran gemessen werden, ob und inwiefern sie hierbei ihren Beitrag leisten kann. Dabei ist nicht allein die Lösung ausschlaggebend, sondern auch schon die Tatsache der Beschäftigung und Auseinandersetzung mit diesen Problemen sowie der Sensibilisierung der Öffentlichkeit dafür. Hierbei muss Esoterik sicher nicht den Vergleich mit anderen Religionen scheuen.

Zeittafel

Vorchristliche und antike Zeit

6. Jh. v. Chr.	Zarathustra gründet die Religion des Parsismus (Zoroastrismus)
580 – 350 v. Chr.	In der griechischen Philosophie wird durch Pythagoras, Platon und Plotin ein bis heute maßgebendes Seelenkonzept entwickelt.
384 – 322 v. Chr.	Aristoteles
um 300 v. Chr. – 100 n. Chr.	Erste Schriften der Hermetik (in Ägypten)
100 – 400 n. Chr.	Gnosis
2. Jh. n. Chr.	Höhepunkt der Gnosis
240 – 15. Jh. n. Chr.	Manichäismus
3. Jh. v. Chr. – 4. Jh. n. Chr.	Mysterienkulte

Mystische Bewegungen im Judentum

538 v. Chr. – 70 n. Chr.	Apokalyptik
70 n. Chr. – 7. Jh.	Märkaba- bzw. Hekalot-Mystik
3. – 6. Jh. n. Chr.	*Sefär Jetzirah* (»Buch der Schöpfung«)
12. – 17.. Jh.	Kabbala
Ende 12. Jh.	Das Buch *Bahir* entsteht.
Ende 13. Jh.	Das Buch *Zohar* (»Glanz«) entsteht.
1534 – 1572	Isaak Luria / Lurianische Kabbala
1666	Sabbatai Zwi lässt sich zum Messias ausrufen. Anfang vom Ende der Kabbala
18. – Anfang 20. Jh.	Chassidismus in Osteuropa

Mittelalter

10. Jh. – 15. Jh.	Bewegungen der Bogomilen, Katharer (Albigenser) und Waldenser
1098 – 1179	Hildegard von Bingen
1119 – 1311/12	Orden der Templer
14./15.Jh.	Beginn der Hexenverfolgungen (Höhepunkt in Deutschland im 16./17. Jh.)

Renaissance bis Romantik

15. – 16. Jh.	Vorstellungen und Ideen, die durch Alchemie, Kabbala, Astrologie, christliche Theologie und Mystik sowie Naturwissenschaften geprägt waren (Vertreter vor allem Paracelsus, Agrippa von Nettesheim, John Dee und Jakob Böhme)
15. Jh.	Wiederentdeckung und lateinische Übersetzung des *Corpus Hermeticum* (durch Marsilio Ficino).
1550 – 1800	Christliche Kabbala (Vertreter: Pico della Mirandola, Johannes Trithemius, Johannes Reuchlin, Jakob Böhme und Christian Knorr von Rosenroth)
16. – 18. Jh.	Theosophische Vorstellungen im Protestantismus (Vertreter: Paracelsus, Jakob Böhme, Emanuel Swedenborg, Friedrich Christoph Oetinger und die Rosenkreuzer).
1614 – 1618	Beginn des Rosenkreuzer-Ordens
1787	Gründung der New Church
17. Jh.	Entwicklung einer sogenannten Naturreligion; Beginn der Rückbesinnung auf die vorchristlichen Religionen der Kelten und Germanen in den Ländern Mittel- und Nordeuropas

Zeittafel

Lebensdaten wichtiger Persönlichkeiten

1486 – 1535	Agrippa von Nettesheim
1493 – 1541	Paracelsus
1527 – 1608	John Dee
1586 – 1654	Johann Valentin Andreae

Auf dem Weg zur modernen Esoterik

19. Jh. – Anf. 20. Jh.	Entstehung der Ariosophie (Jörg von Lanz, Guido von List) und einer Reihe völkisch-religiöser Orden
1875	Gründung der »Theosophischen Gesellschaft« durch Helena Petrowna Blavatsky und Henry Steel Olcott
1888	Gründung des »Hermetic Order of the Golden Dawn«
1901	Gründung des »Ordo Templi Orientis» durch Carl Kellner
1902	Rudolf Steiner wird Mitglied der »Theosophischen Gesellschaft« und gründet im gleichen Jahr die »Deutsche Sektion der Theosophischen Gesellschaft«, deren Generalsekretär er wird.
1907	Gründung des »Ordo Novi Templi« durch Jörg Lanz (von Liebenfels).
1911	Krishnamurti wird von Annie Besant zum zukünftigen Weltenlehrer ernannt, was zur Trennung Steiners von der Theosophie führt.
1913	Gründung der »Anthroposophischen Gesellschaft« durch Rudolf Steiner
ab 1933	Verbot der religiös-völkischen Vereinigungen

Lebensdaten wichtiger Persönlichkeiten

1810 – 1875	Eliphas Lévi
1831 – 1891	Helena Petrowna Blavatsky
1861 – 1925	Rudolf Steiner
1875 – 1947	Aleister Crowley
1880 – 1949	Alice Bailey
1884 – 1964	Gerald B. Gardner
1916 – 1968	Alex Sanders

Die moderne Esoterik

1950er Jahre	Wiederbegründung einiger völkisch-religiöser Vereinigungen (z.B. Artgemeinschaft, Armanen-Orden, Goden oder Gylfiliten). Entstehung der Wicca-Gruppen
1959	Gerald B. Gardner, *Witchcraft today*, erscheint
1960er Jahre	Beginn der Hippie-Bewegung und religiösen Jugendbewegungen (»Jugendsekten«)
1960er/70er Jahre	Entdeckung der indianischen Spiritualität, Beginn der New-Age-Bewegung
1962	Gründung des »Esalen Institute« in Kalifornien und der »Findhorn Community« in Schottland
1968	Beginn des Neoschamanismus mit dem Erscheinen von Carlos Castañedas *Die Lehren des Don Juan*
1980	Marion Zimmer Bradleys Roman *Die Nebel von Avalon* erscheint
1970er/80er Jahre	Höhepunkt der neuheidnischen Germanen- bzw. Keltenwelle und des Neoschamanismus
1980er/90er Jahre	Höhepunkt der New-Age-Bewegung
Seit Ende der 90er Jahre	Trend zu Heilung, Heil und Wellness (mit neuen Heilungstherapien wie Tierkommunikation)

Ätherkörper
Lebensträger bzw. -kraft, gekennzeichnet durch Form und Wachstum – auch den Tieren und Pflanzen eigen.

Alchemie
Verbindet wissenschaftlich-technisches, vor allem chemisches Wissen, mit »höherer«, spiritueller Erkenntnis.

Anthroposophie
Eine von Rudolf Steiner 1912 gegründete und bis heute aktive esoterische Bewegung, die vor allem von der Theosophie beeinflusst ist und sich als »Menschenkunde« im Sinne von »Bewusstsein seines Menschentums« versteht – mit vielfältigen Wirkungsbereichen von Pädagogik über Medizin bis hin zur biologisch-dynamischen Landwirtschaft.

Apokalyptik
Religiöse Bewegung des Frühjudentums (538 v. Chr. – 70 n. Chr.), der es um die Offenbarung endzeitlicher Dinge ging.

Ariosophie
Bewegung Ende des 19. Jh., die eine Mischung aus Rassenmetaphysik, völkischer Bewegung und Theosophie darstellte. Bekannteste Vertreter waren Guido von List und Jörg Lanz (von Liebenfels).

Astralkörper
Gefühlskörper, einschließlich der Träume und Leidenschaften – auch den Tieren eigen.

Astrologie (griechisch, »Sterndeutung«)
Form der Wahrsagung, die versucht, Wesen und Schicksal eines Menschen aus der Konstellation der Sterne heraus zu deuten.

Aura
Die ätherische Ausstrahlung des Körpers, der Astralkörper oder alle feinstofflichen Bereiche des Menschen.

Bachblütentherapie
Heilungstherapie, die Blütenessenzen zur Heilung einsetzt.

Bahir (»hell«, »klar«, »leuchtend«)
Bedeutende Schrift der frühen Kabbala.

Bogomilen
Manichäisch beeinflusste mittelalterliche religiöse Bewegung.

Buddhismus
Ostasiatische Religion, deren historischer Gründer Buddha (Siddharta Gotama, 450–370 v. Chr.) ist und die aus der brahmanischen Religion (Hinduismus) entstand.

Chakra (Sanskrit, »Rad«)
Energiezentrum im Menschen, wo sich die seelische Energie des Menschen und die kosmische Energie (*kundalini*) treffen und verbinden. Chakra ist auch einfach im Sinne von Energie bzw. Lebensenergie zu verstehen.

Channeling s. Spiritismus

Corpus Hermeticum
Eine Sammlung von 18 alchemistischen Texten aus den ersten Jahrhunderten n. Chr.

Druide
Gilt gemeinhin als Priester der Kelten. Wissenschaftlich belegt ist nur die Funktion der Druiden im Kult.

Edelsteintherapie
Heilungstherapie, die davon ausgeht, dass Edelsteine und Kristalle Lebens- und Heilungsenergie besitzen, die zur Heilung freigesetzt werden können.

Ekstase (griechisch, das »Außersichsein«)
Das tranceartige Erlebnis, dass die Seele aus dem Körper tritt.

Engel (von griechisch *angelos*, »Bote«)
Ursprünglich als Bote Gottes gesehen, ist in der Esoterik heute neben dieser Vermittlungsfunktion auch die Schutzfunktion (persönlicher Schutzengel) wichtig geworden.

En Sof
Kabbalistische (hebräische) Bezeichnung für »das Unendliche« (das Eine, das Absolute) im Sinne der verborgenen, nicht erkennbaren Gottheit.

Erdreligion
s. Neuheidentum.

Fantasy, Mystery
Neuere Literaturgattungen, die mythische Themen und Handlungen in fernen Zeiten und/ oder fremden, exotischen Orten zum Inhalt haben.

Feinstofflichkeit
Begriff, der den Grenzbereich zwischen Geist und Materie bezeichnet (auch als Energie oder Schwingung bezeichnet).

Feminismus
Radikale Form der Frauenbewegung, die für die Gleichberechtigung der Frauen eintritt und eine weibliche Gegenkultur fordert.

Feng Shui
Chinesisches Konzept, das davon ausgeht, dass sich ein Ungleichgewicht von Yin und Yang negativ über die Umwelt bzw. den Lebensraum auf den Menschen auswirkt.

Gematrie
Deutung der Worte nach dem den Buchstaben zugrundeliegenden Zahlenwert.

Geomantie
Praxis und Therapie, der es darum geht, schädliche elektromagnetische Felder festzustellen (z. B. durch Pendeln) und zu vermeiden.

Gnosis (griechisch, »Erkenntnis«)
Eine religiöse Weltanschauung bzw. religiöse Bewegung der Antike zwischen 100 und 400 n. Chr., der es vor allem um spirituelle Erkenntnis geht.

Gral
(altfranzösisch, »Schale«)
Schale mit besonderen Kräften, die ihrem Besitzer Glück und Segen bringt, beliebtes Motiv in der mittelalterlichen wie in der heutigen esoterischen Literatur.

Hekalot-Mystik s. Märkaba-Mystik.

Hermes Trismegistos
Gilt der Legende nach als Begründer der Alchemie und als Autor des *Corpus Hermeticum*, mit dem die Alchemisten den griechischen Gott Hermes verbanden (der dem ägyptischen Gott Thot entsprach). Als historische Person nicht nachweisbar.

Hermetik
Spirituell-philosophische Lehre der Antike, die vor allem die Einheit allen Seins betont und in den hermetischen Schriften (*Corpus Hermeticum*) dokumentiert ist. Zur Hermetik gehört auch die Alchemie.

»Hermetic Order of the Golden Dawn« (»Hermetischer Orden der Goldenen Dämmerung«)
1888 in England gegründeter Orden, der auf den Ideen der Theosophie basierte, besonders auf die praktische Magie ausgerichtet war und großen Einfluss auf die moderne Esoterik hatte. Anfang des 20. Jh. fand er durch Aufspaltungen sein Ende.

Hexerei
Ein Phänomen, konkreter ein Vorstellungs- und Handlungssystem, das es weltweit und zu allen Zeiten gegeben hat und gibt, wobei Hexen und Hexer in der Regel negativ bewertet werden: man wirft ihnen vor, mit dem Bösen im Bund zu sein und mit Hilfe von magischen Kräften den Menschen Schaden zuzufügen. Höhepunkt der Hexenverfolgung in Europa war die Zeit des späten Mittelalters und die frühe Neuzeit.

Hinduismus
Die Religion Indiens seit 1500 v. Chr., die sich in eine vedische, eine klassische und eine moderne Phase einteilen lässt, sich durch eine Vielfalt von Gottheiten bzw. Erfahrungen des Göttlichen auszeichnet und die Einheit des Individuums mit dem Göttlichen anstrebt.

Hippies
Protest- und Alternativbewegung von Jugendlichen in den 1960er Jahren gegen die bürgerliche Gesellschaft, die vor allem Freiheit und Frieden zum Ziel hatte.

Homöopathie
Heilungstherapie nach dem Grundsatz »Ähnliches heilt Ähnliches«.

I Ging
Das älteste und im Westen bekannteste chinesische Buch. Es ist ursprünglich ein Orakelbuch und entwickelte sich zur einer Art Weisheitsbuch und Moralkodex.

Indianische Spiritualität
Eine Form der Spiritualität, die sich an den Religionen der Indianer Nordamerikas orientiert und deren religiöse Vorstellungen für sich entdeckt und idealisiert.

Kabbala
(hebräisch, »Tradition«)
Die bekannteste Form jüdischer Mystik neben der Hekalot-Mystik und dem Chassidismus, im 12./13. Jh. n. Chr. in Südfrankreich und Spanien entstanden.

Karma (Sanskrit, »Tat«, »Werk«)
Die Vergeltung (Belohnung oder Bestrafung) von Taten, Worten und Gedanken eines früheren Lebens in späteren Existenzen.

Kundalini s. Chakra

Kundalini-Yoga
Form des Yoga, die von der Vorstellung ausgeht, dass die göttliche Energie im Menschen am unteren Ende der Wirbelsäule ruht und durch bestimmte Übungen aktiviert werden kann.

Katharer (griechisch, die »Reinen«), auch »Albigenser«
Manichäisch beeinflusste mittelalterliche religiöse Bewegung, die vor allem ein Armutsideal und ein dualistisches Weltbild vertrat.

Magie
Ein von Religion unabhängiges, aber in fast allen Religionen vorkommendes Phänomen: der Versuch, transzendente Mächte in mechanisch-automatischer Weise einzusetzen oder zu manipulieren, um ein bestimmtes Ziel zu erreichen.

Mandala (»Kreis«)
Bildmodell, das bei der Meditation zur Erkenntnis des Göttlichen verhilft.

Manichäismus
Von Mani (216–277 n. Chr.) gestiftete gnostische Weltreligion der Antike.

Mantras
Bei der Meditation verwendete Verse, Silben oder Worte mit spiritueller Kraft (meist der Name einer Gottheit), die durch Aussprechen und Wiederholung zur Erkenntnis des Göttlichen führen.

Märkaba-Mystik, Hekalot-Mystik
Mystische Bewegungen des Judentums in den ersten Jahrhunderten n. Chr., deren Ziel die Schau Gottes auf seinem Thron bzw. Thronwagen (*märkaba*) war, wobei man auf der Reise dorthin sieben himmlische Paläste bzw. Hallen (*hekalot*) passieren musste.

Meditation
Eine Form der inneren Sammlung und Besinnung, die zur Selbsterfahrung und -verwirklichung sowie zur Gotteserfahrung führen soll und in allen Religionen mehr oder weniger ausgeprägt praktiziert wird.

Mentalkörper
Der für Verstand und Denken zuständige Teil des Menschen, durch den er sich von Tieren und Pflanzen unterscheidet.

Mystery s. Fantasy

Mystik
Ein religiöses Phänomen, konkret die Erfahrung der Einheit des individuellen Selbst mit dem Göttlichen bzw. dem Transzendenten (*unio mystica*). Dem mystischen Typus von Religion entsprechen Hinduismus und Buddhismus.

Mysterienkulte (von griechisch *mysterion*, »Geheimnis«)
Religiöse, geheimgehaltene Kulte der Antike, in deren Zentrum oft die Erde oder Fruchtbarkeit symbolisierende Gottheiten standen.

Neoschamanismus s. Schamanismus

Neuheidentum
Bezeichnet sich selbst als »Erdreligion«, »alte Religion« oder »westlichen Weg« (gemeint sind damit die alten Religionen in Westeuropa). Gemeinsam ist der besondere Stellenwert und die Verehrung der Natur und des Weiblichen sowie der Bezug vor allem auf keltische, germanische und indianische Religionen. Auch Wicca-Kult und Schamanismus zählen zum Neuheidentum.

New Age (»Neues Zeitalter«)
Eine esoterische Bewegung, die ihren Höhepunkt in den 1980er/90er Jahren hatte und für die die Vorstellung von einem »neuen Zeitalter«, dem Zeitalter des Wassermanns, richtungsweisend ist. Mit der Vorstellung des neuen Zeitalters verbunden war die Hoffnung auf einen »Paradigmenwechsel«, auf eine völlige Veränderung des bisherigen Weltbildes und Handelns.

Okkultismus (von lateinisch *occultus*, »geheim«)
Allgemein eine Geheimlehre oder Geheimwissenschaft, konkreter die Lehre von übersinnlichen Phänomenen, die naturwissenschaftlich nicht erklärbar (und anerkannt) sind, wie Hellsehen, Telepathie oder Spuk.

Qi (chinesisch)
Lebensenergie, die überall präsent ist.

Platonismus
Von Platon (427–347 v. Chr.) entwickeltes philosophisches System, in dessen Mittelpunkt seine Ideen-, Seelen- und Staatenlehre steht. Besonders Platons Lehre von der Bindung der aus dem göttlichen Bereich stammen-

den Seele an die Materie und ihre Inkarnation im menschlichen Körper sowie ihre Rückkehr zum Göttlichen hatte entscheidenden Einfluss nicht nur auf das Christentum, sondern auch auf die Esoterik. Vor allem im von Plotin (204–270 v. Chr.) vertretenen Neuplatonismus fand diese spezifische Ideen- und Seelenlehre ihre Fortsetzung.

Psychoanalyse
Heilungstherapie für seelische Krankheiten, die von Sigmund Freud begründet wurde und sich durch seine Schüler in verschiedene Schulen aufgespalten hat. Von großer Bedeutung für die Esoterik ist die Tiefenpsychologie C. G. Jungs.

Reiki (von japanisch *rei*, »Kosmos«, »Universum«, und *ki*, »Lebensenergie«)
Heilungstherapie, die Anfang des 20. Jh. von dem Japaner Mikao Usui begründet wurde. Das Ziel ist die Herstellung des Gleichgewichtes der Energien.

Religion (von lateinisch *religere*, »eine kultische Pflicht erfüllen«, *relegere*, »sorgfältig beachten« oder *religari*, »verbunden sein«).
»Religion ist erlebnishafte Begegnung mit dem Heiligen und antwortendes Handeln des vom Heiligen bestimmten Menschen« (G. Mensching, 1959) und ist gekennzeichnet durch Glauben an transzendente Mächte, Kult sowie die Funktion der Sinnstiftung und Krisenbewältigung.

Religiosität
Kennzeichnet den mehr individuellen, subjektiven, innerlichen Aspekt von Religion. Im Unterschied dazu ist mit »Religion« dann mehr das äußere Glaubenssystem einer organisierten Gemeinschaft gemeint.

Rosenkreuzer
Ein von Johann Valentin Andreae (1586–1654) gegründeter spiritueller Orden, der mit seinen Texten *Fama Fraternitatis, Confessio Fraternitate* und die *Chymische Hochzeit Christiani Rosenkreuz* aus den Jahren 1614–16 eine große Resonanz erzielte und Einfluss auf die Esoterik hatte.

Samsara (Sanskrit, »Durchlaufen«, »Umherwandern«)
Der Kreislauf der Wiedergeburten, der gesamte Zusammenhang von Wiedergeburt und Karma bzw. Tatvergeltung.

Schamanismus
Der traditionelle Schamanismus ist ein religiöses Phänomen bei den Naturvölkern, das von der Esoterik übernommen und als sog. Neoschamanismus zu einer spirituellen, individuellen Heilungstherapie entwickelt wurde. Der traditionelle Schamane ist in erster Linie ein Vermittler zwischen der diesseitigen und der jenseitigen Welt. Zu seinen Aufgaben gehört vor allem die Begleitung der Seelen und, aber nicht ausschließlich, die Krankenheilung.

Seele
Sehr vielschichtiger Begriff, mit dem meistens die Lebenskraft, das Selbst und individuelle Sein, die immaterielle Essenz, der Geist, das Bewusstsein, die Energie oder Empfindung des Menschen bezeichnet wird.

Sefirot (Singular *Sefira*)
Kabbalistische (hebräische) Bezeichnung für die Manifestationen (Erscheinungsformen) des Göttlichen im Sinne seiner Potenzen bzw. Wirkungskräfte (auch als Namen, Stufen, Aspekte, Eigenschaften, Prinzipien oder Kräfte Gottes bezeichnet).

Shaktismus
Religiöse Bewegung des Hinduismus, für den die Vereinigung der Gottheiten Shiva und Shakti als Symbol der Einheit mit dem Absoluten gilt.

Smaragd-Tafel
Wichtigster Text der Alchemie, erstmals im 8. Jh. erwähnt (Entstehungsdatum unbekannt).

Spiritismus (von lateinisch *spiritus*, »Geist«)
Spirituelle Praxis, bei der Kontakt mit Geistwesen (oft den Geistern Verstorbener) aus der jenseitigen Welt durch ein Medium, Gläserrücken etc. aufgenommen wird. Besondere Formen des Spiritismus sind die Transkommunikation, bei der die Geister auf dem Weg der modernen Kommunikationstechniken kontaktiert werden, und das Channeling, bei dem ein dafür besonders prädestiniertes und bekanntes Medium die Botschaft der Geister empfängt.

Spiritualität (vom lateinischen *spiritualis*, »geistlich«)
Eine Form von Religiosität, deren Schwerpunkt in der geistlichen, individuellen und innerlichen Erfahrung bzw. im Erleben liegt – im Unterschied zu festgelegten, äußerlichen Formen der Religion wie Lehre oder Rituale.

Tantrismus
Religiöse Bewegung des Hinduismus, deren Ziel es ist, über die Vereinigung der Gegensätze zur Einheit mit dem Absoluten zu gelangen.

Tarot
Das in der Esoterik am meisten verwendete Wahrsagungs- und Deutungssystem mit Hilfe von Karten.

Templer
Bekanntester Ritterorden des Mittelalters, der mit dem Schutz der Pilger in Jerusalem beauftragt war und der unter dem Vorwurf der Häresie aufgehoben wurde.

Theosophie
Eine – offiziell 1875 mit der »Theosophischen Gesellschaft« von Helena Petrowna Blavatsky und Henry Steel Olcott gegründete – esoterische Bewegung, die ihren Anspruch auf Wahrheit mit der Entdeckung alter Weisheitstraditionen (»Geheimlehre«) begründete. In ihren Werken beschreibt Blavatsky die Abfolge verschiedener Weltzeitalter und Menschenrassen und betont die Einheit der individuellen Seele mit dem Absoluten.

Tiefenpsychologie s. Psychoanalyse.

Transkommunikation s. Spiritismus.

Unio Mystica s. Mystik

Waldenser
Von Petrus Waldes gegründete, manichäisch beeinflusste mittelalterliche, durch ein Armutsideal geprägte Laienbewegung.

Wassermannzeitalter s. New Age

Wicca-Kult
Moderne, im 20. Jh. entstandene, neuheidnische Form des Hexenkultes, der an die historischen Hexen anknüpft. Dabei werden die Hexen aber positiv als weise und heilkundige Frauen und ihre »Hexerei« als geheimes, magisches Wissen umgedeutet.

Wiedergeburt
Die Vorstellung, dass der Mensch bzw. seine Seele nach dem Tod wiedergeboren wird; s. auch Karma und Samsara.

Yin-Yang-Lehre
Chinesische Lehre von der Vereinigung der Gegensätze, wobei Yin das weibliche, dunkle und Yang das männliche, helle Prinzip verkörpert.

Yoga
Ursprünglich eine Sammlung von Körperstellungs-, Atem- und Konzentrationsübungen zur Überwindung des Ich-Bewusstseins und Vereinigung mit dem Göttlichen.

Zohar (»Glanz«)
Hauptwerk der Kabbala (Ende 13. Jh. n. Chr.).

Bibliografie

Im Folgenden können jeweils nur eine Auswahl sowie Einführungen Erwähnung finden. Dabei wird besonders hingewiesen auf die Reihe »Schnellkurs« (**S**) und die Reihe »C. H. Beck-Wissen« (**W**). Erstere bietet leicht verständliche Einführungen für ein breiteres Lesepublikum, letztere ist eher als Einführung für eine akademische Zielgruppe intendiert. Hier findet der Leser bei Interesse weiterführende, vertiefende Literatur. Vor allem aus der unübersehbaren Vielfalt der esoterischen Literatur selbst konnten nur exemplarische Beispiele genannt werden, zumal sich hier die Aktualität sehr schnell verändert. Die mit einem Stern versehenen Publikationen sind besonders empfehlenswert. Der Leser sei auch auf die verschiedenen Internet-Portale zu Themen und Personen der Esoterik verwiesen (meist Selbstdarstellungen aus dem esoterischen Bereich, seltener Infos von »außen«, wie z. B. von der Evangelischen Kirche)

Allgemeine, einführende Werke

Bochinger, Christoph: »New Age« und moderne Religion. Religionswissenschaftliche Analysen, Gütersloh 1994 (Dissertation)

Duerr, Hans Peter: Traumzeit. Über die Grenze zwischen Wildnis und Zivilisation, Frankfurt a. M. 1985

***Faivre, Antoine:** Esoterik im Überblick. Geheime Geschichte des abendländischen Denkens, Freiburg i. Br. 2001

Bibliografie

Haack, Friedrich-Wihlhelm: Europas neue Religion. Sekten, Gurus, Satanskult, Freiburg/Basel/Wien 1993 (als aufklärend-warnende Information aus kirchlicher Sicht gedacht)

***Iwersen, Julia:** Wege der Esoterik. Ideen und Ziele, Freiburg i. Br. 2003 (ein guter Gesamtüberblick, wenn auch nicht so »allgemeinverständlich« wie angekündigt)

***Stuckrad, Kocku von:** Was ist Esoterik? Kleine Geschichte des geheimen Wissens, München 2004 (wissenschaftliche Einführung in die Geschichte der esoterischen Traditionen, die moderne Esoterik wird nur am Rande behandelt)

***Wichmann, Jörg:** Die Renaissance der Esoterik. Eine kritische Orientierung, Stuttgart ^{2}1991 (nach wie vor eine empfehlenswerte, allgemein verständliche Einführung)

Lexika

Auffahrt, Christoph/Bernard, Jutta u. a. (Hg.): Metzler Lexikon Religion, 4 Bde., Stuttgart 2002

Betz, Hand Dieter/Browning, Don u. a. (Hg.): Die Religion in Geschichte und Gegenwart, Tübingen ^{4}2003ff.

***Bertholet, Alfred (Begründer), Goldammer, Kurt (Hg.):** Wörterbuch der Religionen, Stuttgart (1952) 2005

***Biedermann, Hans:** Lexikon der magischen Künste. Alchemie, Sterndeutung, Hexenglaube, Geheimlehren, Mantik, Zauberkunst, Wiesbaden ^{3}1998

Bonnet, Hans: Reallexikon der ägyptischen Religionsgeschichte, Berlin, New York (1952) 2000

Dinzelbacher, Peter: Lexikon der Mystik, Stuttgart ^{2}1998

***Hanegraaff, Wouton/Faivre, Antoine u. a. (Hg.):** Dictionary of Gnosis and Western Esotericism, 2 Bde., Leiden 2005 (*das* neue wissenschaftliche Standardwerk zur Esoterik)

***Iwersen, Julia:** Lexikon der Esoterik, Düsseldorf, Zürich 2001 (das bisher einzige objektiv-allgemeinverständliche Lexikon, das allerdings einige zentrale Begriffe wie Astral- oder Ätherkörper, Wicca etc. oder Personen wie Gardner oder Leland vermissen lässt und stattdessen eine Reihe weniger wichtige Stichpunkte bringt)

Gasper, Hans/Müller, Joachim/Valentin, Friederike (Hg.): Lexikon der Sekten, Sondergruppen und Weltanschauungen. Fakten, Hintergründe, Klärungen, Freiburg i. Br., Basel, Wien (1990) 2005 (früher fast ein Standardwerk, heute z. T. nicht mehr so aktuell, zudem wird oft die katholisch-theologische Sicht deutlich)

Lurker, Manfred: Lexikon der Götter und Dämonen, Stuttgart 1989

Ders.: Wörterbuch der Symbolik, Stuttgart ^{5}1991

***Maier, Bernhard:** Lexikon der keltischen Religion und Kultur, Stuttgart 1994

***Priesner, Claus/Figala, Karin (Hg.):** Alchemie. Lexikon einer hermetischen Wissenschaft, München 1998

***Simek, Rudolf:** Lexikon der germanischen Mythologie, Stuttgart ^{2}1995

Zerbst, Marion/Waldmann, Werner: DuMonts Handbuch Zeichen und Symbole, Köln 2003

Religionen/Religionswissenschaft

Antes, Peter (Hg.): Vielfalt der Religionen, Hannover 2002 (Gesamtüberblick einschließlich der neuen religiösen Bewegungen und Astrologie)

***Eliade, Mircea:** Schamanismus und archaische Ekstasetechnik, Frankfurt a. M. (1951) ^{2}1980 (nach wie vor *das* wissenschaftliche Standardwerk zum traditionellen Schamanismus)

***Figl, Johann:** Handbuch Religionswissenschaft, Innsbruck, Wien, Göttingen 2003

Fischer, Helmut: Christentum, Köln 2001 (**S**)

Grübel, Monika: Judentum, Köln 1996 (**S**)

***Hutter, Manfred:** Die Weltreligionen, München 2005 (derzeit die aktuellste Übersicht der Weltreligionen)(**W**)

Kloft, Hans: Mysterienkulte der Antike. Götter, Menschen, Rituale, München ^{2}2003 (**W**)

Krauss, Heinrich: Die Engel. Überlieferung, Gestalt, Deutung, München 2002 (**W**)

Lowenstein, Tom: Buddhismus, Köln 2001

Luck, Georg: Magie und andere Geheimlehren in der Antike, Stuttgart 1990

***Maier, Bernhard:** Die Religion der Kelten, München 2001

***Ders.:** Die Religion der Germanen, München 2003 (die beiden Werke von Maier sind die aktuellen, wissenschaftlichen Standardwerke zur Religion der Kelten und Germanen)

Markschies, Christoph: Die Gnosis, München 2001 (**W**)

Mensching, Gustav: Die Religion. Erscheinungsformen, Strukturtypen und Lebensgesetze, Stuttgart 1959

Scheck, Frank Rainer/Görgens, Manfred: Buddhismus, Köln 1999 (**S**)
*__Scholem, Gershom:__ Die jüdische Mystik in ihren Hauptströmungen, Frankfurt a. M. 1980 (nach wie vor *das* wissenschaftliche Standardwerk zur jüdischen Mystik und Kabbala)
Scholz, Piotr O.: Altes Ägypten, Köln 1996 (**S**)
Scholz, Werner: Hinduismus, Köln 2000 (**S**)
Tworuschka, Monika/Tworuschka, Udo (Hg.): Religionen der Welt. Grundlagen, Entwicklung und Bedeutung in der Gegenwart, München 1996 (behandelt nicht die Esoterik!)
Vajda, Laszlo: Zur phaseologischen Stellung des Schamanismus, in: C. A. Achmitz (Hg.) Religionsethnologie, Frankfurt a. M. 1964, 265–295.
Weiss, Walter M.: Islam, Köln 1999 (**S**)
Waterstone, Richard: Indien, Köln 2001

Einzelthemen
Bauer, Martin: Die Tempelritter. Mythos und Wahrheit, Hamburg 2002
Baumer, Franz: König Artus und sein Zauberreich, München [4]2000
Becker Kurt E./Schreiner, Hans-Peter: Anthroposophie heute, Frankfurt a. M. 1989
Behringer, Wolfgang: Hexen. Glauben, Verfolgung, Vermarktung, München 1998 (**W**)
Borcher, Bruno: Mystik. Das Phänomen. Die Geschichte. Neue Wege, Königstein i. T. 1994
Brügge, Peter: Die Anthroposophen. Waldorfschulen, biodynamischer Landbau, Ganzheitsmedizin, kosmische Heilslehre (Spiegel-Buch), Reinbek 1988
Delius, Christoph/Gatzemeier, Matthias/Sertcan, Denniz u. a.: Geschichte der Philosophie von der Antike bis heute, Köln 2000
Dülmen, Richard van (Hg.): Hexenwelten. Magie und Imagination, Frankfurt a. M. 1987
Edighoffer, R.: Die Rosenkreuzer, München 1995 (**W**)
Gebelein, Helmut: Alchemie, München 2000
Gugenberger, Eduard/Schweidlinka, Roman: Mutter Erde, Magie und Politik. Zwischen Faschismus und neuer Gesellschaft, Wien [2]1987
Diess.: Missbrauchte Sehnsüchte? Esoterische Wege zum Heil, Wien 1992
Hemminger, Hansjörg (Hg.): Die Rückkehr der Zauberer. New Age – Eine Kritik, Reinbek bei Hamburg [2]1992
*__Hornung, Erik:__ Das geheime Wissen der Ägypter und sein Einfluss auf das Abendland, München (1999) 2003
Jörns, Klaus-Peter: Die neuen Gesichter Gottes. Was die Menschen heute wirklich glauben, München 1999
Kochanek, Hermann (Hg.): Die Botschaft der Mystik in den Religionen der Welt, München 1998
Ders. (Hg.): Engel im Aufwind. Gottes Boten auf der Spur, St. Gabriel 2000
*__Lyons, Albert:__ Der Blick in die Zukunft. Das große Buch vom Wahrsagen, Köln 2004 (enthält auch eine Übersetzung des *I Ging*)
Obst, Helmut: Neureligionen, Jugendreligionen, New Age, Berlin 1991
Polak, Regina (Hg.): Megatrend Religion? Neue Religiositäten in Europa, Ostfildern 2002
Procok, Otto/Wimmer, Wolf: Der moderne Okkultismus, Stuttgart 1987
*__Roob, Alexander:__ Das Hermetische Museum. Alchemie und Mystik, Köln 1996 (mit viel Bildmaterial)
Sawicki, Diethard: Magie, Frankfurt a. M. 2003
Schmidt, Dorothea: Indianer als Heilsbringer. Ein neues Klischee in der deutschsprachigen Literatur?, Frankfurt a. M. 1988
Schnurbein, Stefanie von: Religion als Kulturkritik. Neugermanisches Heidentum im 20. Jh., Heidelberg 1992
*__Stolz, Alfred:__ Schamanen. Ekstase und Jenseitssymbolik, Köln 1988
*__Unschuld, Paul U.:__ Chinesische Medizin, München 1997 (**W**)
*__Vogt, Matthias:__ Astrologie, Köln 2004 (**S**)
*__Weißmann, Karlheinz:__ Druiden, Goden, weise Frauen. Zurück zu Europas alten Göttern, Freiburg/Basel/Wien [2]1993
*__Wehr, Gerhard:__ Kabbala, Kreuzlingen/München 2002
*__Ders.:__ Anthroposophie, Kreuzlingen/München 2004
*__Woodham, Anne/Peters, David:__ Enzyklopädie der Naturmedizin, München 1999
Wolf, Jürgen: Neopaganismus und Stammesreligionen. Ein religionswissenschaftlicher Vergleich (Religionswissenschaft 1), Münster 1997
Zinser, Helmut: Der Markt der Religionen, München 1997

Biografien
Holthaus, Stephan: Madame Blavatsky und die Theosophische Gesellschaft. Die

Sphinx des Okkultismus, Berneck 1990
Kastinger Riley, Helene M.: Hildegard von Bingen, Reinbek bei Hamburg, [3]1998
Lindenberg, Christoph: Rudolf Steiner, Reinbek bei Hamburg 1992
Wehr, Gerhard: C. G. Jung, Reinbek bei Hamburg 1983
Ders.: Spirituelle Meister des Westens. Leben und Lehre, München 1995

Quellentexte
Blavatsky, Helena Petrowna: Die Geheimlehre. Eine Auswahl, Calw [2]1987
Burkart, Axel: Das große Rudolf Steiner Buch. Texte aus seinen wichtigsten Werken, Kreuzlingen, München 2003
***Frensch, Michael (Hg.):** Esoterik von der Antike bis zur Gegenwart. Ein Lesebuch, München 1991
Hildegard von Bingen: Heilwissen, Freiburg i. Br. [5]1997
Dies.: Scivias – Wisse die Wege, Freiburg i.Br. [3]1997
Jung, Carl Gustav: Gesammelte Werke, 20 Bde., Olten [4]1982
Kaiser, Rudolf: Die Erde ist uns heilig. Die Reden des Chief Seattle und anderer indianischer Häuptlinge, Freiburg i. Br. [2]1992
Der Sohar, das heilige Buch der Kabbala, hg. von Ernst Müller, München 1991
Ruhbach, Gerhard/Sudbrack, Josef (Hg.): Christliche Mystik. Texte aus zwei Jahrtausenden, München 1989
Steiner, Rudolf: Gesamtwerk, hg. vom Rudolf Steiner Verlag, Dornach
Werner, Helmut (Hg.): Paracelsus. Okkulte Schriften. Mikrokosmos und Makrokosmos, Köln o. J.

Esoterische Klassiker
Hierbei ist zu beachten, dass die Autoren oft einerseits aus der Wissenschaft kommen, andererseits Klassiker der Esoterik sind, sich also im Grenzbereich zwischen Esoterik und Wissenschaft bewegen.

Capra, Fritjof: Das Tao der Physik. Die Konvergenz von westlicher Wissenschaft und östlicher Philosophie, München 1975; Wendezeit. Bausteine für ein neues Weltbild, München 1982
Ferguson, Marilyn: Die sanfte Verschwörung. Persönliche und gesellschaftliche Transformation im Zeitalter des Wassermanns, Basel (1980) 1982
Grof, Stanislav: Geburt, Tod und Transzendenz. Neue Dimensionen in der Psychologie, München 1985
Halifax, Joan: Die andere Wirklichkeit der Schamanen, München 1994
Harner, Michael: Der Weg des Schamanen, München 1994
LaChapelle, Dolores: Weisheit der Erde. Das Grundwerk der Tiefenökologie, Saarbrücken 1990
Dies.: Heilige Erde, heiliger Sex (3 Bde.), 1998
Ruppert, Hans-Jürgen: New Age. Endzeit oder Wendezeit?, Wiesbaden 1985
Rosenberg, Alfons: Zeichen am Himmel. Das Weltbild der Astrologie, Zürich 1949
Sheldrake, Rupert: Das Gedächtnis der Natur, Bern/München/Wien 1983; Die Wiedergeburt der Natur. Wissenschaftliche Grundlagen eines neuen Verständnisses der Lebendigkeit und Heiligkeit der Natur, Bern/München/Wien 1991; Der Siebte Sinn der Tiere, Bern/München/Wien 1999
Spangler, David: New Age. Die Geburt eines neuen Zeitalters, Frankfurt a. M. (1976) 1982
Sun Bear/Wind, W./Mulligan, C.: Das Medizinrad-Praxisbuch, München 1991

Esoterische Ratgeber (Auswahl, einschließlich Kartensets)
Claussen, Claus: I Ging – kurz und praktisch, Freiburg i. Br. 1998
Essener Friedensbruderschaft: Schöpferkraft der Farben. Farbenergien erkennen und anwenden, Freiburg i. Br. [5]2001
Gehringer, Petra: Geomantie – Wege zur Ganzheit von Mensch und Erde, Saarbrücken 2002
Hofmann, Helmut: Praktische Einführung in die Edelsteintherapie, Freiburg i. Br. 1998
Kakuska, Rainer: Meditation – kurz und praktisch, Freiburg i. Br. [3]1999
Kinkade, Amelia: Tierisch gute Gespräche, Weilersbach 2001
Kraaz von Rohr, Ingrid: Farbtherapie – kurz und praktisch, Freiburg i. Br. 2002
Langbein, Walter-Jörg: Das große Buch der Esoterik, Rastatt o. J.
McGerr, Angela: Harmonie Engelkarten (Kartenset), Burgrain 2004
Leuenberger, Hans-Dieter: Tarot – kurz und praktisch, Freiburg i. Br. [4]1995
Lingermann, Hal A.: Numerologie – kurz und praktisch, Freiburg i. Br. 1998
Lübeck, Walter: Die Chakra-Energie-Karten (Kartenset), Aitrang [4]2003

Ders.: Das große Pendelhandbuch, Aitrang [11]2004
Michel, Peter: Das große Aurabuch, Grafing 2004
Pennick, Nigel: Handbuch der angewandten Geomantie, Saarbrücken
Salman, Robert: Der praktische Schamane, Reinbek bei Hamburg 2003
Sams, Jamie / Carson, David: Karten der Kraft. Ein schamanistisches Einweihungs-Spiel in den »Pfad der Tiere« [13]2003
Smith, Penelope: Gespräche mit Tieren. Praxisbuch Tierkommunikation, Weilersbach 2004
Sharamon, Shalila/Baginski, Bodo J.: Das Chakra-Handbuch, Aitrang [48]2004
Strebel, Annemarie: Farben. Kinder des Lichts, [2]2002
Tuan, Laura: Das Orakel der indianischen Medizinmänner (Kartenset), Amsterdam 2001
Zehl, Hermine-Marie: Grundkurs Astrologie, München [2]1999

Belletristik (Auswahl)
Andrews, Lynn: Nie Jaguarfrau. Und die Lehren des Schmetterlingsbaumes, München 1993; Die Kristallfrau. Und die Schwestern der Traumzeit, München 1993; Die Magierin von Wyrd. Das Spiel mit dem inneren Feuer, München 1994; Der Flug des siebten Mondes. Die Lehren der Medizinfrau, München 1994 (und andere Titel)
Brown, Dan: Illuminati, Bergisch Gladbach 2003; Sakrileg, Bergisch Gladbach 2004
Castañeda, Carlos: Die Lehren des Don Juan. Ein Yaquí-Weg des Wissen, Frankfurt a. M. (1968) 1980; Eine andere Wirklichkeit. Neue Gespräche mit Don Juan, Frankfurt a. M. 1979; Reise nach Ixtlan. Die Lehre des Don Juan, Frankfurt a. M. 1977; Der Ring der Kraft. Don Juan in den Städten, Frankfurt a. M. 1980; Der zweite Ring der Kraft, Frankfurt a. M. 1988; und andere Titel
Zimmer Bradley, Marion: Die Frauen von Isis, Bergisch Gladbach 1978; Die Feuer von Troya, Frankfurt a. M. 1987; Die Nebel von Avalon, Frankfurt a. M. (1982) 1987; Die Wälder von Avalon, Frankfurt a. M. 1993; Die Herrin von Avalon, Frankfurt a. M. 1996; Die Priesterin von Avalon, Frankfurt a. M. 2001 (und andere Titel)

Bildnachweis
AKG, Berlin S. 25, 26 u., 27 o., 31, 81, 98, 100, 132
© 2004 Aquamarin Verlag, Grafing 93; Umschlag o.r.
Aus: Harmonie Engel Karten, © Quadrille Publishing Ltd., dt. Ausgabe KOHA-Verlag GmbH, Burgrain 2004 S. 21 o.
Bhaktivedanta Book Trust, 1987 S. 46, 52
Martin Brauen, Bern S. 51
Biblioteca Nazionale, Florenz 106
Bridgeman Giraudon, Berlin S. 27 u., 32, 36, 42, 83, 84, 89 u.
© Carlsen Verlag, Hamburg S. 105 u.
Corbis S. 74
© Salvador Dalí, Foundation Gala-Salvador Dalí/VG Bild-Kunst, Bonn 2005 S. 149, 157
E. T. Archive S. 77
© Edition Stella, Baden Baden 101
© The Essene Fellowship of Peace 135 o.
© S. Fischer Verlag, Frankfurt/M. 103 o., 105 o.
Rainer Gaertner, Köln/Berlin 144
Glasgow Museums, Art Gallery and Museum, Kalvingrove S. 75 u.
Rainer Hackenberg, Köln S. 17, 21 u.
Avraham Hay 115
Images/Charles Walker Collection 126
Landesamt für Denkmalpflege und Archäologie Sachsen Anhalt S. 152 (Juraj Lipák)
Musée du Louvre, Paris S. 26 o., 54
Museo Nacional de Antropología, Mexiko-Stadt 113
National Museum of Bangkok/RHPL S. 49
Naturhistorisches Museum, Wien S. 69
© New Line Productions, Inc. S. 104
Ulrike Peters, Bonn S. 10, 11, 12, 13, 29, 35, 41, 70, 75 o., 102, 103 u. , 119, 124, 134, 135 M., 136, 137, 142, 150, 151, 163 u., 164 o.
Picture-alliance S. 28 (akg-images/Erich Lessing), 53, 78 (Klaus Wanecek, Okapia), 116 , 128 (akg-images), 129 (Godong), 131 (dpa), 154 (Picture Press/NASA/VRS), 162, 163 o. , 164 u.(dpa)
Werner Scholz S. 46, 47
Hans Günter Semsek, Köln S. 16
Stadtbibliothek Mainz S. 39 o.
Ullstein Bild S. 62 o., 66 o., 112
Universitätsbibliothek Heidelberg S. 55
Michiel Wijnberg S. 160
© by Windpferd Verlagsgesellschaft mbH, Aitrang S. 80, 99, 141, 143
© Sulamith Wülfing BV, Amsterdam S. 96

Register